NO COMEÇO ERA O ATO

Uma leitura do seminário *O Ato Psicanalítico,*
livro 15, de Jacques Lacan

Gilda Vaz Rodrigues

NO COMEÇO ERA O ATO

Uma leitura do seminário *O Ato Psicanalítico,*
livro 15, de Jacques Lacan

No começo era O Ato – Uma leitura do seminário
O Ato Psicanalítico, livro 15, de Jacques Lacan

1ª edição

COORDENAÇÃO EDITORIAL
Karol Oliveira

DIREÇÃO DE ARTE
Tiago Rabello

REVISÃO
Maggy de Matos

CAPA
Kamila Moreno

PROJETO GRÁFICO E DIAGRAMAÇÃO
Conrado Esteves

R696 Rodrigues, Gilda Vaz.

No começo era o ato: uma leitura do seminário O Ato Psicanalítico, livro 15, de Jacques Lacan / Gilda Vaz Rodrigues. – Belo Horizonte : Ed. Artesã, 2017.

144 p. ; 23 cm.

ISBN: 978-85-88009-59-2

1. Psicanálise. I. Título. II. Lacan, Jacques, 1901-1981. III. Freud, Sigmund, 1856-1939.

CDU 159.964

Catalogação: Aline M. Sima CRB-6/2645

IMPRESSO NO BRASIL
Printed in Brazil

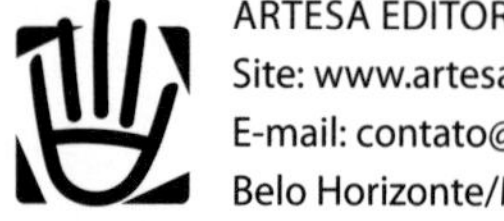

ARTESÃ EDITORA LTDA.
Site: www.artesaeditora.com.br
E-mail: contato@artesaeditora.com.br
Belo Horizonte/MG

Agradecimentos

Aos meus interlocutores neste Seminário, sem os quais este trabalho não seria possível, especialmente à Maria Tereza Milani que atenciosamente gravou e digitou as anotações que me serviram de base para a escrita deste livro. Agradeço a cuidadosa revisão de Berenicy Raemi Silva.

Sumário

Apresentação

Este livro é uma leitura do seminário *O Ato Psicanalítico*, livro 15, de Jacques Lacan, escrito a partir da gravação de meus seminários sobre este tema, o que dá ao texto um estilo bem coloquial. Após trabalhar na elaboração deste, constato que aí se condensa o que se pode definir como o objeto da psicanálise, extraído pela operação do ato.

Se, por um lado, toda uma estrutura chamada de inconsciente toma formas que dão a cada ser falante uma configuração subjetiva, por outro, estamos todos afetados, queiramos ou não, pelo real da pulsão. Resta-nos reconhecer que somos o produto da interseção de um corpo com a palavra, e que disto decorre uma divisão estrutural com a qual temos de nos virar da melhor forma que conseguirmos. A psicanálise oferece recursos para que, expostos ao real, possamos não enlouquecer nem morrer.

O real bate na nossa porta o tempo todo, por mais que queiramos nada saber disso alienando-se nas formas sintomáticas e gozosas de que dispomos. A dialética do tratamento psicanalítico leva cada um a encontrar um ponto de sustentação diante do mal-estar na civilização inerente à vida humana.

"Não existe uma regra de ouro que se aplique a todos: todo homem tem de descobrir por si mesmo de que modo específico ele pode ser salvo", diz Freud em *O Mal-Estar na Civilização* (Freud, 1976, vol. XXI, p. 103).

O trabalho psicanalítico está longe de ser uma saída salvacionista, porém, encontrar uma forma específica de bordejar o real e lidar com o gozo é uma fonte não só de sobrevivência, mas de recursos para se gozar a vida.

A psicanálise vai na direção da heresia (*hérésie*), portanto, na contramão da religião. Dizemos contramão e não contra a religião, que carrega com o significante *re-ligio* o ato de religar o homem a um ponto da estrutura, que tomará as formas mais diversas com as quais os seres falantes contornarão o objeto faltoso. Alguns se agarrarão a essas formas fanaticamente para evitar olhar o real de frente.

Cada um cria seu mundo fantasmático, sua religião particular, com o mesmo propósito: não querer saber do real que pode se apresentar pela via do sexual, da morte, das perdas, enfim, de tudo aquilo que nos mostra que a vida é assim. Para gozá-la, no sentido jurídico do termo, o usufruto da vida, é preciso passar pela lei simbólica, que traça as coordenadas do gozo de cada um.

O grande dom de Freud foi abrir a porta do inconsciente revelando ao mundo um campo do saber que possibilitou aos seres falantes dizer de seus sofrimentos e se darem conta de que havia algo que os transcendia. Assim, foi possível encontrar suportes mais satisfatórios na busca de uma vã sabedoria. Assim, também, se tornou possível transformar emoções banais em emoções poéticas.

Trata-se de um saber fazer com as palavras, reorganizando o inconsciente não só em torno da lógica do fantasma de cada um, mas também indo além, em direção ao sem sentido que se abre na dimensão do humano. Trata-se de uma posição subjetiva fundada no esvaziamento da consistência do ser do Outro, ou seja, de um vazio operador que se escreve como letra de gozo. Liberado que se é das fixações e do sofrimento neurótico, descobre-se que o inconsciente pode ser estruturado como a poesia e esta, por estar difusa no mundo, torna-se possível ser extraída do chão do cotidiano.

A repetição aparece primeiro numa forma que
não é clara, que não é espontânea, como uma
reprodução, ou uma presentificação, em ato.

[...]

[...] um ato, um verdadeiro ato, tem
sempre uma parte de estrutura, por
dizer respeito a um real que não é evidente
(Lacan, Sem. 11, 1979, p. 52).

Introdução – A poesia

O seminário *O Ato Psicanalítico*, livro 15 de Lacan, começa falando do ato poético e da poesia:

> Por ter ultimamente me interessado um pouco pelo campo da poesia, notei, assim, de passagem, quão pouco temos nos perguntado sobre o que faz a poesia e a quem, e sobretudo – por que não? – aos poetas. Talvez, indagar sobre isso fosse uma forma de introduzir em que consiste o ato na poesia (Lacan, Sem. de 15/11/1967, p. 3).

O interesse de Lacan pela poesia e pelo saber dos poetas não é uma novidade. Em seu artigo *Homenagem a Marguerite Duras pelo arrebatamento de Lol V. Stein*, ele refere-se ao saber dos poetas da seguinte maneira:

> Foi precisamente isso que reconheci no arrebatamento de Lol V. Stein, onde Marguerite Duras revela saber sem mim aquilo que ensino (Lacan, 2003, p. 200).

Em *A Instância da Letra no Inconsciente ou a Razão desde Freud*, destaca:

> Eis agora a estrutura metafórica, que indica que é na substituição do significante pelo significante que se produz um efeito de significação que é de poesia e criação, ou, em outras palavras, do advento da significação em questão (Lacan, 1998, p. 519).

É, portanto, na relação de substituição que reside o recurso criador. O inconsciente é estruturado como uma linguagem poética na medida em que a poesia, tal como o inconsciente, é não só efeito de sentido, mas, também, de furo.

Freud, também, destacou o saber dos poetas em muitos momentos de sua obra, especialmente em *Escritores Criativos e Devaneio:*

> Mas quando um escritor criativo nos apresenta suas peças, ou nos relata o que julgamos ser seus próprios devaneios, sentimos um grande prazer, provavelmente originário da confluência de muitas fontes. Como o escritor o consegue constitui seu segredo mais íntimo (Freud, 1976, vol. IX, p. 157-158).

O psicanalista francês Érik Porge, em seu livro *Transmitir a clínica psicanalítica – Freud, Lacan, hoje,* chama a atenção para a poesia ao intitular o capítulo 8 de seu livro de "O inconsciente é estruturado como a poesia".

O ato poético, entretanto, se aproxima – mas não está no mesmo plano – do ato psicanalítico na medida em que a psicanálise, que se define como ciência do inconsciente, implica um trabalho que vai além do próprio inconsciente estruturado como uma linguagem, cernindo e discernindo o real da estrutura.

O discurso do analista, introduzido por meio do ato do analista, promove a entrada em análise pela abertura do inconsciente. A partir de então aprendemos a ler o inconsciente, pois estruturado como uma linguagem permite que se articule a uma cadeia de significantes que se ordena segundo a lei simbólica.

A leitura do inconsciente vai extraindo, a partir da fala do analisante, o ponto de repetição que toca na questão de cada um. Lacan, em seu Seminário *Encore*, livro 20, trata disso ao se referir à dimensão da tolice do inconsciente, na medida em que, pela associação livre, demandamos ao analisante dizer o que lhe vem à cabeça, e vem muita tolice. A tolice, entretanto, tem tempo curto e não vai muito longe. Muitas coisas que são ditas passam e não voltam. O que não é tolice persiste e insiste. Dizemos, então, que isso é da ordem do real, que volta sempre ao mesmo lugar.

Na clínica psicanalítica constatamos isso por meio da repetição de restos que resistem a esse trabalho. Aliás, este é o sentido do termo resistência para Lacan. É com esses restos que o analista vai operar. São restos de significantes que não se encadeiam, que não fazem laço e que, portanto, perduram como marcas indeléveis que se repetem como um "bate-estaca", ou como um enxame, zumbido, permanentemente. O termo em francês, *essaim* (enxame), joga homofonicamente com o significante unário (S1).

O que fazer com essas marcas, restos ou rastros deixados pelo caminho de uma análise?

É preciso tratá-los como letras de gozo que se ordenam segundo a teoria matemática dos conjuntos ou se estruturam como a poesia.

Tais conjuntos são formados pelos restos de significantes que insistem e se repetem infinitamente, embora não conectados à cadeia de significantes. Isso é o que Lacan chama de escrita do gozo, que é uma forma de bordejar a estrutura. Freud tratou disso em termos de trilhamentos, traços de percepção, dentro de uma perspectiva neurológica. Mas ele falou também de transcrições e retranscrições na Carta 52. O analista opera como um caçador no deserto, seguindo os rastros deixados pela queda dos objetos na análise, destituição subjetiva que vai cavando os furos do simbólico.

Talvez se possa reinventar e explorar recantos do ser que ficaram à espera de uma nova montagem, uma outra leitura. Isso vem como um a mais, um gozo suplementar, um "*plus*" a que alguns, como os poetas, conseguem aceder:

Tudo passará, "[...] eles passarão... eu passarinho", no bem dizer do poeta Mario Quintana.

Entretanto, nem tudo passa. Se tomarmos o inconsciente em sua dimensão de furo relativo ao real da estrutura, constatamos que o buraco, o vazio cavado pelo simbólico, insiste e persiste como se demonstra na poesia. Pode-se ler um poema de um poeta persa do século XIII, Rumi, como se tivesse sido escrito hoje, reconhecendo ali o saber do inconsciente operando:

Canção da flauta rústica

Rumi*

Ouçam a história contada pela flauta sobre a separação.

Desde que fui ceifada, faço este clamor.

Todo alguém separado de quem ama compreende o que eu digo.

Todo alguém apartado de sua fonte deseja com ardor a ela voltar.

Em todas as colheitas, aí estou, misturada aos risos e aos prantos, a ambos solidária,

Mas poucos ouvirão os segredos ocultos em minhas notas. Não existem ouvidos para elas [...].

(*Poeta persa do século XIII – tradução de Clovis Salgado Gontijo).

Conta a poesia que o som da flauta feita da cana de bambu ressoa devido não só ao seu furo interior, mas porque carrega a nostalgia do tempo em que era cana; seu som traz, ao mesmo tempo, a alegria e o luto, efeito do corte que causou seu rompimento com a natureza e fez dela uma flauta; fabricou-se uma outra coisa, e ela entrou definitivamente no mundo dos objetos humanos. Muitos outros instrumentos musicais, criados a partir da estrutura de tubos, têm a propriedade de ressoar. Tal capacidade sonora também é encontrada nas conchas e nos chifres depois de a vida lhes ter sido extraída.

É interessante constatar que um poeta, no século XIII, já apresentava em sua poesia um saber que antecede em seis séculos o que a psicanálise formula como o objeto perdido, o furo estrutural e a experiência de castração, impostos aos homens como efeitos da passagem da natureza para a cultura.

O ato psicanalítico reedita esse corte fazendo ressoar, a partir do furo interior da estrutura do sujeito do inconsciente, o tom de cada uma das subjetividades ao dar voz às suas produções.

> Dias vazios, deixe-os ir sem se importar com isso. Fique assim onde está, nesta nota tão pura e oca.

Continua o poeta, apontando para o lugar do furo, onde se deve estar para ouvir o seu som. O tom de cada um de nós não se escuta no burburinho do dia a dia. É preciso parar, delimitar o espaço-tempo para se fazer ouvir; mesmo que, para isso, seja preciso recorrer ao analista.

> A flauta é uma amiga para quem deseja um tecido rasgado e jogado fora. A flauta é, a um só tempo, ferida e bálsamo.

E, assim, vamos seguindo o poeta em seu dizer. E, assim, passemos ao psicanalista, que faz desse dizer o objeto de seu ato.

Fazer e Ato

O tema escolhido, *O Ato Psicanalítico*, vai ao encontro de várias questões que têm como eixo o lugar, o ser, o estatuto, o desejo, o discurso e o ato do analista.

Este par de palavras - *Ato Psicanalítico* - foi elevado, por Lacan, à dignidade de conceito. Não encontramos em Freud a palavra ato psicanalítico como um conceito, embora essa noção esteja implícita em seus textos. Lacan resgatou a questão do agir na psicanálise. Alguns pós-freudianos, como Ferenczi, já haviam proposto uma técnica ativa que viesse, como a própria palavra indica, ativar a psicanálise. Lacan resgata a questão do agir, mas veremos que o ato do psicanalista tem um caráter bem específico cuja propriedade Lacan reivindica:

> [...] Tratava-se do ato psicanalítico, que ninguém sequer tinha pensado em denominar como tal antes de mim, o que é um sinal preciso de que nem sequer se havia formulado essa questão. Se assim não fosse, se achassem que havia na psicanálise um ato, em algum lugar, a maneira mais simples teria sido nomeá-lo. Há que acreditar que essa verdade havia permanecido velada (Lacan, 2008, Sem. 16, p. 329).

No Seminário *A Lógica do Fantasma*, livro 14, Lacan já vinha formalizando a questão do ato. Na lição de 22/02/1967, ele começa a definir o ato a partir de quatro proposições:

1. O ato é significante.
2. É um significante que se repete [...]

3. O ato analítico é a instauração de um sujeito como tal, ou seja, de um verdadeiro ato o sujeito sai diferente, sua estrutura é modificada pelo corte.
4. O sujeito não pode se reconhecer nesse ato, na medida em que, em sua pendência inaugural, está tomado por uma *Verleugnung.*

Há uma tendência, em análise, de se cair na repetição dando-se infinitas voltas em torno do mesmo ponto, sem sair do lugar. O Ato Analítico, pela sua estrutura de corte, veio instaurar a dimensão propriamente psicanalítica da ruptura, da surpresa e do novo. Lacan, ao resgatar a importância do ato na teoria e na prática psicanalítica, opera um corte que incide na repetição que reduzia a operação analítica à permanência no nível do pensamento, da associação, da articulação e da interpretação. Constata-se assim, que a psicanálise, antes de tudo, age, promovendo movimentos e efeitos de mudanças na posição e na forma de agir do analisante.

Embora Lacan reivindique a paternidade do conceito de ato, este está presente desde o início da teoria psicanalítica, formulado por Freud através do ato falho, que permite ao sujeito revelar algo de sua verdade. Podemos dizer que um ato falho é um ato bem-sucedido, que não é só uma ação ou um comportamento. O ato falho é da ordem de um dizer. O dizer não é o que é dito, não é a fala, e sim um dizer que porta a *diz-mansion* de um ato.

O ato provoca uma passagem e uma mudança, fazendo surgir o novo, que constitui o surgimento do conceito de sujeito. No Seminário *Os Quatro Conceitos Fundamentais da Psicanálise*, livro 11, Lacan se refere a isso por meio do "aparecimento de *ein neues Subjekt*, que é preciso entender assim – não que ali já houvesse um, a saber, o sujeito da pulsão, mas que é novo ver aparecer o sujeito" (Lacan, 1979, p. 169).

Depois de um verdadeiro ato as coisas não serão mais as mesmas, pois um ato acarreta uma ruptura, um corte num estado de coisas antes estabelecido, produzindo uma nova identificação.

Certas figuras entraram para a História a partir de um ato. Judas ficou conhecido na história como o grande traidor; Jack, o estripador, pelos seus crimes; a Princesa Isabel por ter assinado a Lei Áurea, que aboliu a escravatura. Isso marca uma diferença radical entre ato e pensamento. Pensar, imaginar ou querer cometer algum ato é uma coisa, realizá-lo é outra. Um ato tem consequências.

O ato perverso marca uma identificação por meio da qual o perverso se inscreve no campo do Outro.

O ato tem a dupla função de engendrar o sujeito e criar o objeto, num só tempo.O sujeito que a psicanálise faz advir é dividido em dois campos: objeto e significante. O ato opera essa divisão marcando o sujeito com um significante e ao mesmo tempo fazendo cair o objeto.

O ato para ser um ato de desejo, portanto de sujeito, não é movido por um conhecimento prévio e completo. O ato psicanalítico é: "Eu faço depois eu penso". O fazer é que vai criar o pensamento e não o pensamento que cria o fazer – diferentemente da psicologia. Na psicanálise o ato é operado de um lugar em que não há conhecimento, e sim um cálculo, e só depois se sabe o que se fez. Mostra-se, por meio de um ato, algo do ser de cada um: "Sou onde não penso". Porém, não se trata de um ato impulsivo; há, aí, um certo cálculo que habilita para esse salto. O ato, por isso mesmo, porta uma parte de real. É justamente por não haver um saber todo que nos lançamos numa ação. Neurótico é aquele que não consegue agir porque é atormentado pelo pensamento. Uma análise pode fazer com que ele prossiga.

Ora, se o ato diz respeito ao sujeito, como é que esse sujeito advém? Por estrutura, é imperativo o advir do sujeito, ou seja, sua inscrição no campo do Outro, na ordem do falo. Podemos dizer que ele advém como pode. Isso me faz lembrar a conhecida frase citada por Freud, ao término de seu texto *Além do Princípio do Prazer*: "Ao que não podemos chegar voando, temos que chegar manquejando". Há um imperativo ético nessa frase. No psicótico isto se dá por meio das formas de seu delírio ou pela passagem ao ato. Há um imperativo para que o sujeito se apresente, mas isso não é possível no psicótico, porque falta um elemento significante que lhe dê suporte para que possa se fazer sujeito no seu próprio ato. O ato, neste caso, é sempre do Outro para o qual se é objeto. O psicótico passa ao ato sem bordejamento significante. Por meio de um ato impulsivo, próprio da loucura, lança-se ao ato na tentativa fracassada de se fazer sujeito.

Na estrutura perversa há uma tentativa de se fazer sujeito instaurando no outro, sua vítima ou parceiro, a divisão. Não ser sujeito é ser objeto do outro, é estar capturado, submetido a essa condição de objeto. O perverso tenta se inscrever como sujeito através de seu ato perverso, e ao fazê-lo encontra uma identificação. À pergunta "Quem sou?" ele responde por meio do ato perverso. Por isso, há uma repetição do ato perverso que se faz sempre de uma mesma forma, o que permite, por exemplo, que um bom policial chegue à identidade do autor de um ato criminoso seguindo a pista deixada por essas marcas. É como se dissesse: "Eu sou um sujeito quando mato dessa forma". Ele deixa sua marca, mas não o seu traço. Pois o traço é de outra ordem.

O sujeito "neurotizado", por outro lado, pensa e não age. Inibido em seu ato, não consegue agir. Isso não quer dizer que não tenha comportamentos; tem um comportamento neurótico, porém, não age. Trata-se de um comportamento que não sai do lugar. Não há ato, neste caso, porque ato é quebra, ato é corte, ato é ruptura. O ato quebra um funcionamento pelo qual o neurótico gira em torno. Isso se apresenta na clínica por meio da fala do neurótico sobre suas insatisfações, sem que, no entanto, consiga sair do lugar, obtendo gozo desse sofrimento, o que Freud definiu como masoquismo.

Há uma diferença entre "*Tat*", ação, e "*Akt*", ato. A ação é o fazer, é o comportamento. Cumpre-se uma tarefa e, às vezes, não se pode parar de fazer determinada coisa. Parar já poderia ser um ato. O analista operando um corte, por meio de seu ato, interromperia o automatismo de repetição.

Tendo-se em conta que o Seminário *A Lógica do Fantasma*, livro 14, precedeu o *Ato Psicanalítico*, livro 15, Lacan vai formalizando neste último "como lidar com o fantasma". A clínica do fantasma, da construção fantasmática, não é a mesma clínica do sintoma, porque o ato analítico não é interpretação, embora uma interpretação possa ser um ato analítico, ou seja, ter um efeito de ato. A interpretação incide especialmente na clínica do sintoma. Ela põe o sintoma para deslizar metonimicamente por meio da associação livre. O sintoma, ao se articular na cadeia significante, vai se enodando de uma outra forma. Freud referiu-se ao sintoma como um novelo. Ele não desaparece, mas se enoda de outra maneira, de modo que o sujeito no final de um percurso analítico saiba se virar com seu sintoma, pois este já não é uma pedra bruta, no dizer de Freud, mas uma pedra angular, lapidada, melhor dizendo, uma estrutura.

A interpretação analítica, para ter um valor de Ato, opera por um tipo de enodamento muito específico, a cadeia borromeana, que permite que o sujeito se articule numa rede de significantes para poder faltar a esta cadeia. Não se trata de amarrar o sujeito na cadeia, e sim de enodá-lo, o que implica no nó borromeano, pelo qual o sujeito se articula, mas se solta. Para se articular em outra cadeia há sempre um pequeno *a* que cai.

A característica mais importante de um ato é a de ter a estrutura de corte. Encontramos referências a isso desde a origem da psicanálise e mesmo na origem da humanidade, com o mito da criação e o ato de Deus da "expulsão do paraíso". Freud termina *Totem e Tabu* com a frase de Goethe: "no começo era o ato". Ele enuncia: *era* o ato, no imperfeito e não, é o ato ou *foi* o ato. O tempo imperfeito enuncia um fato passado, porém não concluído, um fato que se prolongou. É alguma coisa que continua sendo. A cada princípio continua sendo. A cada entrada do homem na ordem simbólica, na ordem significante, ocorre o assassinato do pai primevo. Portanto, o paradigma do ato, na psicanálise, é o assassinato do pai, que é correlativo à entrada do homem no simbólico. Freud teve de criar um mito para falar disso. Assim, ele tratou de forma mitológica o que Lacan o fez pela lógica. O mito do pai *primevo* em *Totem e Tabu* foi criado para dar conta da exceção, daquilo que escapa à ordem fálica. O pai *primevo* era um puro fazer. Não existia uma instância mediadora entre o estímulo e a resposta.

Com seu assassinato cria-se um novo estatuto para o comportamento humano. Cria-se a sociedade. Lacan destaca no Seminário *A Transferência*, livro 8, que a sociedade se cria pelo trabalho da neurose e a cultura pelo trabalho da perversão. A sociedade faz as leis, as instituições, cria os modos de funcionamento, as normas, as regras, etc. A cultura cria novas formas de gozo, expandindo e, por vezes, transgredindo os limites das leis.

O efeito da morte do pai *primevo* leva à constituição da sociedade, bem como levanta a barreira ao gozo. Ocupar o lugar do pai poderia acarretar a morte. O pai está morto e o seu lugar se torna não apenas vago, mas impedido de ser ocupado por outro. O gozo do pai, que tudo pode, está barrado. Seus filhos poderão ter as mulheres, mas *não toda* a mulher.

O mito do pai primevo é correlativo à entrada na ordem significante em que a palavra é a morte da coisa. Não é o pai que morre, é a coisa. Essa coisa é a coisa freudiana, é o real lacaniano. O parricídio instaura a ordem simbólica pela qual o gozo vai estar limitado. O acesso ao objeto perdido só se faz por meio de metáforas.

A nova forma de funcionamento humano se dará por meio da transmissão dessa morte, transmissão da falta simbólica. Cada homem que nasce tem que passar por essa mesma operação para entrar na ordem simbólica. Não se consegue fazer isso em massa.

Freud ao assinalar em *Totem e Tabu* que "o homem primitivo só fazia, ele não tinha acesso a um pensamento", situa o surgimento do pensamento depois do parricídio, depois que a ordem social e simbólica se estabelece. O agir sem pensar se torna uma característica primitiva, que evoca o arcaico de cada um. Porém, podemos chegar ao oposto, no caso do neurótico obsessivo, que pensa tanto que não age.

O ato humano, entretanto, não é nem primitivo nem é um ato pensado, um terceiro tempo é introduzido em que o sujeito age a partir de uma operação simbólica estruturada, que é o ato simbólico. Esse é o ato de alguém que passou pela castração simbólica.

A castração simbólica é que dá ao ser falante recursos para lidar com o real, sem os quais se entra em sofrimento, ou ainda, o próprio corpo entra em sofrimento, na tentativa de dar conta do inassimilável do real. É o que acontece no fenômeno psicossomático:

> Manifestamente para nada além disto, que não é um signo, mas um significante, a saber, este signo da secreção gástrica, que só toma seu valor precisamente pelo fato de que ele não é produzido pelo objeto que se espera que o produza, que ele é um efeito de engano, que a necessidade em questão é adulterada e o que se produz ao nível da fístula estomacal, instala-se na dimensão de que, nesta ocasião, o organismo é enganado (Lacan, Sem. 15, lição de 15/11/67, p. 13-14).

O que vem fazer barreira a esse gozo, que atravessa o corpo é a construção fantasmática. O que fazer quando a interpretação mostra seu limite?

Certamente não temos receita, nem um padrão para o ato, mas há uma lógica no ato, uma lógica que Lacan vai desenvolver no percurso deste seminário.

Em *O Tempo Lógico e a Asserção de Certeza Antecipada*, publicado nos *Escritos*, destaca-se a questão: O que eu devo fazer para sair da prisão?

Esse texto nos indica, através do sofisma dos três prisioneiros, que eu só posso saber de mim a partir de uma operação que inclui o tempo e o cálculo substitui o pensar.

Precipito-me numa resposta antes mesmo de sabê-la. O ato contém saber, uma asserção de certeza antecipada.

No Seminário *De um Outro ao outro*, livro 16, Lacan retoma a questão do ato cujo seminário foi interrompido pelas turbulências que já começavam a acontecer nas Universidades e que vieram configurar o movimento estudantil de 1968 em Paris.

A formulação que se segue sobre o *Ato analítico* ressalta a relação com o saber, que não é conhecimento, daí a diferença entre o discurso universitário e o analítico.

O ato psicanalítico produz um saber que não é conhecimento.

> A produção do saber como saber distingue-se por ser um meio de produção, e não apenas de trabalho, da verdade. É nesse sentido que o saber produz o que designo pelo nome de objeto *a* (LACAN, 2008, p. 335).

A partir dessa articulação entre saber e ato, formula-se a pergunta: "O analista sabe ou não sabe o que faz no ato psicanalítico? (*Idem*, p. 336).

Deixemos que as formulações que se seguem, neste nosso estudo do ato psicanalítico, esclareçam o que vem a ser o saber do psicanalista que se opera em ato.

Ato 1 - Seminário de Lacan de 15/11/1967

Antes de prosseguirmos, vamos dar um passo atrás, cronologicamente, remetendo-nos ao seminário anterior ao *Ato*, *A Lógica do Fantasma*, livro 14, para destacar algumas formulações.

A primeira diz respeito ao ato sexual:

> O ato sexual é verdadeiramente um ato [...]. Trata-se efetivamente sem dúvida de um ato que não é a copulação simplesmente, dado que se trata de uma repetição no mais alto ponto significante, a da cena edipiana, a tal ponto que esse ato instaura algo que é sem retorno para o sujeito, e que o desmentido que sua *Verleugung* porta, não altera em nada (LACAN, Sem. 14, lição de 22/02/67, p. 30).

Deduz-se então, que as razões religiosas que condicionam o ato sexual à função da reprodução, ou mesmo as razões da biologia contemporânea que isolam o material genético para a reprodução assistida, só vêm encobrir as razões que estão na base deste ato - razões edipianas. Afinal, não se pode desprezar o fato de que, por ser filho, seus pais, com certeza, praticaram tal ato.

No texto *A Significação do Falo*, Lacan atribui ao falo a razão do desejo desses pais. O filho é chamado a ocupar um lugar nessa relação. A fantasia oferece uma resposta. A criança como um pequeno *a*, produto desse ato, está presente no matema da fantasia. Isso implica na produção do sujeito, na medida em que este se funda na tríade que separa do Outro materno com o qual se achava fusionado numa 'só carne', relação que será evocada no ato sexual. Estamos de volta à repetição implicada no ato sexual - repetição de uma mesma perda, de um encontro faltoso.

Nossa segunda formulação diz respeito ao ato analítico:

O ato analítico começa a ser articulado a partir do *acting out* na medida em que este se refere a um efeito da intervenção analítica. O exemplo clássico de Lacan é o de Ernst Kris, "o caso dos miolos frescos", relatado em *A Direção da Cura*, em que o *acting out* surge como uma forma de mostrar o que não está sendo escutado.

O ato analítico, embora se articule pelo viés fantasmático ao ato sexual, por colocar em cena algo do fantasma de cada analisante, não realiza o ato sexual e sim a impossibilidade da relação. O divã não está ali para o ato sexual e sim para introduzir o vazio, a falta, instaurando a perda que advém da queda do *a*. Tal vazio se insinua nos momentos de silêncio em que a pulsão de morte, como pulsão silenciosa, se faz presente.

Deparamo-nos com a ambiguidade: é quando o sujeito silencia que a pulsão se presentifica, conforme se pode escrever o matema da pulsão: $\$ <> D$.

Como se constata, o ponto de silêncio, o silêncio eterno dos espaços infinitos que aterrorizava Pascal, já não nos assusta tanto, só nos afeta pela metade: $\$$.

O ponto de silêncio toca o sexual, enquanto a sexualidade é o que se pode falar. O inconsciente não fala do sexual e sim da sexualidade. Entre o homem e a mulher existe o falo, objeto terceiro que se apresenta em sua significação fantasmática. É por aí que passeiam os neuróticos.

> Mas há um dormitório onde ninguém passeia, onde o ato sexual está – falando com propriedade – foracluído, porém onde se considera que outro ato tem lugar: quero dizer do ato psicanalítico, título de meu seminário do próximo ano. (Lacan, Sem. 14, lição de 21/06/67, p. 94).

A divisão do sujeito em sua dimensão estrutural adquiriu, com a psicanálise, uma sustentação teórica que começou a ser introduzida por Freud, no final de sua vida, com o termo *Ichspaltung* (clivagem ou divisão do Eu).

O ato analítico implica profundamente o sujeito que se coloca em cena. Ora, a transferência é definida como colocação em ato da realidade do inconsciente. Isso já seria uma aproximação. Afinal, a instauração da transferência é que dá início à análise propriamente dita abrindo a porta do inconsciente para o sujeito suposto saber.

Insistimos na distinção entre ato e ação, ressaltando que o ato opera uma inscrição na lei do significante. Se um dia "eu ultrapasso essa lei, se vou além, essa motricidade terá valor de ato". Uma ação se rege pelo princípio do prazer, também definido por Lacan como princípio do menor esforço. Um ato dirige-se para um além, ultrapassa a margem de segurança em que nos apoiamos, escreve uma nova identificação, uma nova escrita. Por isso, um ato é, também, uma ata, uma escritura que autentica um fato. O ato tem a ver com um passe.

> [...] o ato pelo qual o psicanalista se instala enquanto tal, eis algo que merece o nome de ato, até o ponto, inclusive, em que este ato possa inscrever-se em algum lugar: Sr. Fulano de tal, psicanalista (Lacan, Sem. 15, lição de 15/11/67, p. 4).

Isso implica em uma passagem, um além, um franqueamento.

Constata-se que todo ato traz consequências. O campo psicanalítico é um campo tensional, um campo que produz movimentos, tensões, turbulências. O discurso analítico gera uma certa tensão. Isso talvez explique a afluência de tantas pessoas aos seminários de Lacan.

> É que, em maior ou menor grau, os que vêm, de modo geral, vêm porque têm a impressão de que aqui se enuncia algo que bem que poderia [...] ter consequências (Lacan, Sem. 15, lição de 22/11/67, p. 22).

O ato não é apenas um fazer, ele implica um compromisso com a questão do sujeito. Por isso podemos dizer que um ato opera uma emergência do sujeito. Lacan joga com a homofonia entre *connaissance* e *co-naissance* (conhecimento e co-nascimento), para distinguir conhecimento e saber.

O conhecimento diz respeito ao campo das representações enquanto o saber advém da manipulação da letra, como no campo da álgebra. Cantor mostrou que existe uma contabilidade que está além dos números inteiros, demonstrando que a dimensão do transfinito nos números não é redutível à infinidade dos números inteiros; ou seja, que sempre se pode fabricar um novo número que não teria sido incluído, a princípio, na série dos números inteiros.

Será que essa ordem já estava lá antes que Cantor a descobrisse? Que lugar teria este saber antes de ser formulado? Em que consiste essa verdade antes que ela se formalize teoricamente? Estamos tratando o termo consequência no sentido das séries numéricas: com sequência.

A entrada no discurso analítico tem consequência e isto implica a experiência de castração simbólica pela qual os animais não passam. As experiências de Pavlov demonstram a ação do significante sobre o campo do vivo, mostrando como o organismo pode ser enganado. O que se deduz é que o animal é afetado pela linguagem do homem, porém, incapaz que é de se perguntar sobre o desejo do Outro, apresenta diferentes tipos de neuroses de acordo com o seu dono. Sendo assim, há que se indagar não sobre o desejo do cão, mas sobre o desejo de seu dono ou do experimentador.

Lacan encaminha sua formalização na direção que tomará forma a partir do *Seminário 16* e encontrará no *Seminário 17, O Avesso da Psicanálise,* sua fórmula desenvolvida: a teoria dos discursos.

As consequências de um discurso, especialmente as do discurso do analista, vão se formulando a partir do questionamento sobre o desejo do analista. Tal introdução nos leva a pensar nos efeitos dos diferentes discursos sobre as pessoas, especialmente os do discurso universitário que será alvo da formulação lacaniana no *Avesso.* "O discurso universitário não quer saber nada das consequências". Muitos sábios se anteciparam em um saber, mas retardaram sua apresentação pública por receio de suas consequências. Após muitos anos foram encontradas em suas anotações descobertas que só vieram à tona anos mais tarde por meio de outros sábios.

Lacan assinala que o fato de as teorias de Pavlov terem sido tão bem aceitas nas universidades já atesta seu caráter fútil. Entretanto, Pavlov, sem saber, formula uma teoria que é muito similar à que se impõe ao ser humano afetado pelo significante. Só que Pavlov não sabia ou não tinha isso claro. O objetivo de sua redução materialista serve para minimizar a importância do divino e da espiritualidade que não interessavam à doutrina comunista da época.

Qual seria o lugar do saber, antes desse saber ser revelado pela formalização teórica? Seria da mesma ordem de um saber que não se sabe, como Freud definiu o recalque primário? Alguém pode fundar uma teoria sobre pressupostos que ignora profundamente. Com isso, se introduz a dimensão da ignorância que aponta para o saber do inconsciente.

Ato 2 - Seminário de Lacan de 22/11/1967

A psicanálise tem como proposta: o movimento psicanalítico. Desde seu início destaca-se a função dos atos falhos operados a partir de uma estrutura de linguagem, até o conceito de repetição. Lacan distingue duas vertentes da repetição, a do *autômaton* e a da *tique*

Uma análise pretende levar alguém a agir de uma outra forma, de uma maneira diferente daquela que ele tem agido. Por isso, o destaque à distinção entre o ato analítico e o comportamento, no sentido do "*behavior*". Uma coisa é o ato de sujeito e outra coisa é o comportamento. O ato promove mudança, inaugura alguma coisa nova. Todos os dois têm a ver com a repetição, só que o ato tem a ver com a *tiquê* e o comportamento, com o autômaton. Isso é apenas uma aproximação, tomemos por enquanto essa distinção como ponto de partida.

No decorrer desse Seminário Lacan fará referência ao quadro de Velásquez - *As meninas*. Este quadro tem duas perspectivas: uma cena onde estão as meninas e uma outra cena, ao fundo, onde estão o rei e rainha. Há ainda o próprio Velásquez, refletido no espelho, pintando o quadro. Tal quadro tem a ver com o que o ato revela. O *setting* analítico projeta e engendra uma outra cena que se constitui a partir do trabalho do analista e do analisante.

De quem é o ato? Seria do analista ou do analisante? O ato não é nem do analista nem do analisante. Não é do analista no sentido da pessoa do analista. Por isso ele não pode se vangloriar do seu próprio ato uma vez que ele também sofre o ato e é, por ele, surpreendido. O analista experimenta, inclusive, um certo desconforto, um certo horror do seu próprio ato, em virtude de suas consequências. Cada analisante evoca um ato específico, diferente, único, assim como um mesmo analisante evoca diferentes atos dependendo do momento de sua análise. Isso mostra que é um inconsciente que vai sendo engendrado naquele contexto, como uma rede que vai sendo tecida.

Outra questão pode ser colocada: Que efeitos a troca de analista pode operar no trabalho do inconsciente?

Se pensarmos que o analista, num primeiro momento de uma análise, funciona como um resto diurno, segundo a noção formulada por Freud em *A Interpretação dos Sonhos*, evocando as representações que se articulam numa determinada sessão ou no próprio percurso daquela análise, podemos dizer que cada analista evoca uma rede de associações, um grupo de significantes. O analista se aproxima muito mais de seu estatuto, no lugar do umbigo do sonho, ponto limite da interpretação. Freud em seu texto *A Dinâmica da Transferência* já havia apontado para o surgimento do analista no momento de silêncio, quando as associações estancam.

Assim, ao se mudar de analista, o vazio estrutural é o mesmo, porém, o percurso que se faz, varia de analista para analista. Aqui, talvez o ditado "Todos os caminhos levam a Roma" encontra seu sentido, pois vários caminhos podem ser tomados desde que se chegue à experiência de castração, na qual o vazio central da estrutura do sujeito freudiano é sempre o mesmo. O real volta sempre ao mesmo lugar, por mais diversos que sejam os caminhos que criamos para bordejá-lo.

A dimensão do significante já porta a dimensão do real. O significante é aquilo que não significa nada, apenas representa o sujeito para outro significante.

Isso nos leva de volta às experiências de Pavlov, amplamente abordadas neste seminário.

O que Pavlov pretendia com essas experiências?

Provar que o cão não pensa. Que o animal é condicionado.

Por que as universidades acolheram com muito entusiasmo as experiências de Pavlov.

Pavlov estaria a serviço de uma ideologia materialista e procuraria, naquele momento, tirar um pouco da supremacia das coisas do espírito que dominavam o pensamento do Ocidente. O materialismo tentava mostrar que a dimensão espiritual não tinha um papel preponderante no homem; que este funcionava, muitas vezes, como um animal. Era a questão do condicionamento que começava a dominar o campo da psicologia. A crítica de Lacan à ideologia pavloviana estaria relacionada à intensão implícita de que a massa humana funcione como os ratos e os cachorros usados nas experiências. A crítica se estende às universidades, principalmente nos países desenvolvidos, onde o ensino universitário funciona como instrumento ideológico. Não interessa que as pessoas pensem, o que se profere nas universidades não ocasiona mudanças nem desordem, salvo nos países subdesenvolvidos onde as universidades, ainda, são um campo de turbulência.

Nesse momento em que Lacan coordenava o Seminário *O Ato Psicanalítico*, tinha início os primeiros sinais do grande movimento estudantil em Paris, de 1968, o MR68.

O ato analítico também promove a desordem. Mas não é a desordem no sentido do caos, embora produza um efeito perturbador, mas sim da subversão do sujeito. É importante ressaltar que o ato analítico não é um ato de transgressão nem um ato revolucionário, embora possam ocorrer esses efeitos. Ele é, antes de tudo, uma subversão. Uma revolução necessariamente não promove mudanças, lembrando aqui a conhecida frase do escritor italiano Lampedusa, em *O Gattopardo*: "Temos que mudar as coisas para que elas continuem as mesmas".

O ato analítico promove um questionamento do Outro, ou seja, o ato faz com que nós possamos questionar o Outro, para que esse Outro apareça como barrado. O que acontece na experiência de Pavlov é que um cão não questiona o Outro, seu experimentador. O cão não interroga o porquê de estarem tocando aquele trompete e o que estariam querendo com aquilo. O cão não tem estrutura simbólica para questionar o desejo do Outro. O que marca a diferença entre o ser humano e um animal é que o homem questiona o desejo do Outro.

Passo a passo, vai-se traçando a distinção entre ato e comportamento. Um comportamento imprevisível, da ordem da surpresa e do espanto, pode funcionar como um ato de loucura, uma passagem ao ato, um *acting out*, ou ainda um ato analítico. Para ser um ato analítico, ele tem que se aplicar a certas condições, uma delas é que esteja situado dentro do manejo da transferência.

Lacan dissolve sua Escola ou funda outra Escola por meio de atos desse tipo. No campo psicanalítico existem os atos que são atos na verdadeira concepção do termo, como o ato de fundação da Escola de Lacan e o ato de dissolução da mesma Escola. Nesse caso, esse ato concerne a um campo transferencial.

Existem atos que, por terem a estrutura do corte, fundam uma outra ordem e um outro funcionamento que podem se estender a um campo muito maior que o da singularidade de cada um, assim como certas descobertas funcionam como um corte epistemológico no pensamento da humanidade. Freud, Darwin, Copérnico e Marx, entre outros, marcaram e mudaram o mundo. Descobertas recentes como a internet, por exemplo, podem funcionar como um corte epistemológico.

A referência a Pavlov indica que pode-se formular uma teoria sem saber, muitas vezes, o que se está criando. Dessa forma, Pavlov sem saber era um estruturalista, embora ele quisesse demonstrar exatamente o contrário: que o homem não pensa, que o animal não pensa, que o sujeito se constitui pelo condicionamento. O que Pavlov acaba mostrando é que o trompete é um significante que produz uma reação no organismo do cachorro: uma fístula estomacal, um fenômeno psicossomático.

Em sua *Conferência de Genebra*, Lacan fala de um quinto discurso, o do capitalista. Na ânsia de consumir as pessoas são consumidas, espoliam seu próprio patrimônio material, psíquico e até mesmo seu corpo.

A criança desde cedo questiona o desejo do Outro. Com esse questionamento o desejo do Outro é barrado. Assim, o corpo da criança é atravessado pela linguagem, mas não precisa produzir uma fístula. Esse atravessamento se faz simbolicamente. A criança pergunta, e na medida em que vai perguntando e o educador vai dando outras respostas, a cadeia significante desliza.

Um exemplo dado por Lacan é o caso de um sujeito que toda vez que ouvia a palavra contrato, ele tinha uma contração da pupila. Lacan explora isso e percebe que não era exatamente essa palavra, contrato, que produzia aquela reação. É que ela estava associada a outras palavras: contrato de casamento, quebra de contrato, só que as outras – casamento e quebra – caíram sob a barra do recalque, permanecendo só a palavra contrato. A questão desse sujeito não era relativa ao contrato simplesmente, e sim ao casamento e à quebra, que eram as palavras que tocavam em sua questão.

Há na estrutura psíquica certos conjuntos de significantes que têm valor de fatos que ocorreram, mas não foram simbolizados. Por isso, o ato analítico faz efeito. Quando se fala alguma coisa que toca num fato de estrutura, o analisante saberá disso, mesmo que não entenda muito bem. Freud, em sua *Carta 52* a Fliess, apresenta uma estratificação do aparelho psíquico que se aproxima disso ao formular um espaço, no sentido topológico, entre percepção e consciência. Estamos tratando de mensagens que permanecem *en souffrance,* tal como as cartas que não chegam ao seu destino.

Por que Lacan conseguia, apesar de seu estilo de linguagem, fazer com que tantas pessoas frequentassem os seus seminários? Ele falava coisas que tocavam em fatos de estrutura. A palavra fato toca o real e produz efeitos.

Isso me faz lembrar Françoise Dolto, que frequentou os seminários de Lacan, mas quando indagada sobre isto em um documentário sobre ele, responde que não entendia muito bem o que ele dizia, mas permanecia ali por causa do "clima". Uma forma de dizer que algo ali ressoava além da compreensão.

Estamos falando de fatos de estrutura. Isso remete à decepção de Freud ao perceber que os relatos de seus pacientes nem sempre eram da ordem da verdade fatual. *Não acredito mais em minha neurótica*, desabafa numa de suas correspondências a Fliess. Um fato de estrutura tem uma existência singular, afirma-se sua existência antes mesmo de se saber dela. Articula-se com o que Freud chamou de juízo de existência.

Quando se toca em um suposto fato de estrutura, ocorre a surpresa e a constatação de que já se sabia disso. Trata-se de algo que foi apagado pelo recalque. O fato de estrutura é um saber do inconsciente. Reconhece-se isso como verdade sem compreender exatamente o que é. A análise não passa pela compreensão. Trata-se de captar a lógica do inconsciente e seu funcionamento. Compreender implica a intersubjetividade.

Pavlov seria um estruturalista porque sua experiência toca num fato de estrutura. Nossa condição de existência está submetida à lei do significante, por isso funcionamos, às vezes, como o cachorro das experiências de Pavlov. O que marca a diferença é a estrutura simbólica do ser humano, que lhe permite aceder à ordem significante. O cachorro responde com o corpo, por não ser portador de recursos simbólicos que lhe possibilitem respostas simbólicas, metafóricas.

Isso implicaria um sujeito. Todo ato evoca o sujeito do significante. Sua história, sua vida, seu funcionamento é regido por uma cadeia de significantes que tem o valor de uma frase. Uma cadeia é uma frase. E é justamente porque ela é uma frase é que se pode tratá-la pela linguagem, pela associação livre.

Isso nos leva ao campo das doenças psicossomáticas. A precariedade de recursos simbólicos em algumas pessoas as leva a adoecer. Lacan costumava dizer que o sujeito adoece não por ser um desadaptado, mas por estar adaptado demais. É porque está colado, submetido ao desejo do Outro, sem poder questioná-lo, que se adoece. Qualquer área de saber que se posicione como um saber absoluto, que não pode ser questionado, é alienante e enlouquecedor.

O saber do inconsciente está ali, suspenso, como uma carta esperando chegar ao seu destino. Esse saber é da ordem da *paixão da ignorância*. Eu ignoro, mas isso que eu ignoro, eu sei. A "boa hora" é também a "hora feliz" – é um jogo de palavras entre "*bonheur*" e "*bon heure*". Uma interpretação feita precocemente pode provocar a saída da análise. Se a interpretação, por outro lado, for tarde demais, ela perde a força e teremos de esperar uma outra volta. Assim, há a hora de se tocar nesse saber, e é preciso saber aproveitar a hora que o inconsciente se abre. Mas ele não abre sozinho, é preciso "futucá-lo". O ato analítico é o que futuca, que bate o martelo.

O ensino universitário pode criar meros repetidores. Qualquer ensino pode ter esse efeito, até mesmo o de Lacan, que nesse momento aborda a questão da transmissão, com a proposta de ser um ensino que faz causa e não uma mera repetição de conceitos. Nesse contexto, a transmissão, também, implica o ato. Lacan, por meio de seus atos, de seu estilo, provocava um questionamento. As pessoas saíam de lá aturdidas, incomodadas. Lacan era algumas vezes criticado por causar desordem no saber instituído. A transmissão "em ato" incomodava; e, talvez, por isso mesmo, tenha sobrevivido e assegurado uma revitalização da psicanálise. Estaríamos, provavelmente, repetindo os mesmos conceitos obsessivamente. É preciso que se reinvente a psicanálise por meio do ato. É importante o questionamento, pois barra a tendência dogmática e religiosa que ronda a psicanálise.

O conceito de transferência é, inicialmente, tomado pelo que ela não é; ou seja, ela não é a relação entre dois sujeitos, não é uma intersubjetividade. Existe uma assimetria na posição de um e de outro. Do lado do analista há uma a-topia. O analista está fora de seu lugar como pessoa. Ele não se relaciona com o analisante como um outro sujeito. Não é desse lugar que ele opera. O *a*-tópico já porta a letra *a*, do objeto a. Como sujeito se cairia em embates e dificuldades que evocariam, de uma forma ou de outra, o impossível da complementaridade na relação sexual. Não existe relação possível, completa, entre sujeitos. Assim, a relação entre dois sujeitos se faz com o semblante de objeto que cada um acena. O ato analítico promove corte, ruptura, e não a união entre dois sujeitos.

Os caminhos do inconsciente vão sendo traçados a partir de tropeços e atos falhos, que são da ordem do erro, por meio dos quais a verdade se revela. Os atos falhos são atos sintomáticos. Tais atos revelam, ao mesmo tempo, um campo da verdade do sujeito. Em seu Seminário *Les non-dupes errent*, livro 21, Lacan desenvolve esse campo de errância explorando toda a ambiguidade das palavras erro, errância, errar. O engano decorre do atrelamento ao significante que comanda a cadeia de um dado comportamento. O ser humano é errante por estrutura. Isso foi formulado por Freud em termos de trilhamentos.

Seguindo essa linha de pensamento, Lacan faz o elogio da babaquice. Uma análise se faz a partir do deslizamento da fala do analisante, associação livre, no dizer de Freud, o que implica em decantar as besteiras para se chegar a um ponto de verdade. "Com uma isca de falsidade fisguei uma carpa de verdade", frase de Shakespeare utilizada por Freud para se referir a isso. O movimento da análise consiste em o analisante chegar a perceber a babaquice da sua verdade.

A palavra *babaca* toca no feminino por ser um buraco, um vazio. Acredita-se que há muita coisa ali e se descobre que o que há é um campo de falta, onde se construiu toda uma história para não se haver com a verdade da castração. Uma subjetividade vai se constituindo em torno de uma babaquice que se levou a sério demais. O mais difícil é ver que aquilo é apenas a forma que se pôde tomar para se ter uma certa consistência. Uma forma de nomear as coisas. Podemos dizer que a *Tiquê* é esse ponto em que a verdade do *autômaton* se torna uma babaquice. Pode-se, então, mudar, sair da repetição incluindo o vazio operador, o vazio fecundo. O caminho analítico vai promover a quebra do monopólio do falo e inclui uma outra dimensão, a do não todo fálico, o feminino.

No Seminário *Les non-dupes errent*, Lacan assinala que os não tolos erram, fazendo um jogo entre *dupes* e *du père*. Aqueles que não são babacas, que não são tolos ou patos do real é que ficam errando. Para se entrar no discurso analítico tem-se que aceitar esse lugar de tolo do real, de se deixar ser surpreendido pelo real e não agarrado às formas fálicas para se prevenir e se garantir.

Um analisante pode se sentir envergonhado de estar ali falando e expondo suas babaquices. Para não querer ser babaca, ele resistiria em se entregar à experiência de seu inconsciente e, assim, não sairia da imobilidade em que se encontra.

O ato analítico aproxima a verdade do campo sexual. O sexual é a presença do outro sexo: o da mulher, tanto para os homens como para as mulheres. As pessoas ficam agarradas às formas fálicas, portanto, masculinas, para não terem que se haver com esse vazio, do outro sexo, do feminino, do não saber, que tem raiz na ignorância do sexo feminino.

É nesse ponto de ignorância radical que se aloja o trabalho de transferência, pelo qual se instaura e se outorga ao analista a suposição de um saber sobre o impossível de se saber tudo sobre o gozo de cada um. A transferência se define a partir dessa suposição de saber.

Um fragmento da clínica

Trata-se de um homem jovem que busca na análise uma saída para o seu conflito homossexual. Relata atuações homossexuais que o deixam extremamente angustiado. Traz em suas associações lembranças muito sofridas com relação às suas primeiras tentativas de aproximação do outro sexo. Quando ele era ainda um rapazinho e ia tirar as moças para dançar, elas o recusavam. Isso se repetia com frequência. Sofria um constrangimento ao mesmo tempo em que desenvolvia um sentimento de rejeição e uma enorme inibição diante das mulheres. Esse rapaz acabou enveredando por experiências homossexuais. Ele dizia: "O homem é muito mais fácil; está tudo exposto ali. Não tem nada escondido. Mulher me dá bola, olha, mas na hora que eu vou, ela diz: não!

Essa fala toca na questão da babaquice. Ele não queria ser babaca, ir lá e correr o risco de não saber o que quer uma mulher. Ele ainda dizia que o homem, se está com tesão, isso aparece de maneira muito clara. Mas a mulher... ela pode estar fingindo. Disse: "Eu nunca sei o que ela quer". "O que quer uma mulher?" Afinal, não está explícito, não está claro.

Diante da falta de resposta com relação ao desejo do Outro, acaba-se enveredando para uma homossexualidade sintomática ou para qualquer outra resposta. A questão de não saber, de não conseguir ter uma resposta para o desejo do Outro toca no enigma do feminino.

Freud não conseguiu responder a essa questão. É nesse sentido que dizemos que a realidade do inconsciente é sexual. Tanto as mulheres como os homens não sabem o que quer uma mulher, o que faz da mulher, tanto para os homens como para as mulheres, a hora da verdade.

A grande contribuição de Lacan foi a descoberta de um operador clínico, o significante. Ele nos ensinou a tomar as respostas criadas pelo sujeito como significantes. Assim, a fantasia, o *acting out* e outros elementos da clínica são significantes. Isso nos permite encontrar o que não é significante, pois o significante sempre tropeça no que não é significante – o objeto *a*.

Estamos diante da estrutura do sujeito dividida pela entrada do Outro sexo, ou seja, d'A mulher. Por isso podemos entender por que a entrada do sexo é traumática: por ser também a entrada do que não se sabe, do que não se tem resposta.

A partir dessa elaboração podemos distinguir sexualidade e sexual, reservando o termo sexualidade para o campo em que a pulsão se articula na cadeia significante. O sexual tem a ver com a entrada do real, do fora da cadeia significante, e, portanto, com a descoberta do Outro sexo.

Ato 3 – Seminário de Lacan de 29/11/1967

O conceito de objeto transicional de Winnicott serviu de base para a elaboração do conceito de objeto *a*.

Conceito de Winnicott, retomado aqui é o de *self*. O *self* na psicanálise americana ficou identificado ao *moi*, eu imaginário, imagem *egoica*. Porém, o conceito de *self* formulado por Winnicott não é bem isso. Para ele, o *self* diz respeito a um esboço de um eu muito primário que já existiria antes mesmo do ego tomar uma forma especular; algo que teria se iniciado a partir do conceito de *Real Ich* em Freud. Isso teria origem antes mesmo do sujeito poder se nomear, se projetar numa imagem, ou seja, antes da constituição do próprio ego já existiria um primórdio de eu esboçado, que terá ligação com o *self*.

O objeto transicional parte de um objeto utilizado pela criança para dar conta de se separar da mãe. Os analistas ficaram muito siderados por esse objeto, ligando-o ao seio materno. Lacan vai dizer que não é o seio que é o modelo para o objeto transicional e sim o polegar. A criança, ao se separar do corpo da mãe, seja do seio ou de que parte for, ela o faz por meio do polegar. Esse polegar que a criança suga tem como derivados o bico, a chupeta ou um pedacinho de pano. Isso é que caracteriza o hu-mano; operado a partir da mano (mão), objeto transicional.

"Esse *self* do qual ele (Winnicott) fala como de algo que desde sempre esteve lá, por trás de tudo o que acontece, antes mesmo que de nenhum modo o sujeito tenha se determinado. Alguma coisa é capaz de congelar, escreve ele da situação de falta" (Lacan, Sem. 15, lição de 6/12/1967, p. 74).

Estamos nos referindo ao termo *freezing*, utilizado por Winnicott e retomado, aqui, por Lacan, referindo-se a uma falta congelada, de onde a verdade se insinua. Tal referência aponta, também, para uma posição de onde se vê "brotar o ato analítico".

Tal posição implica na atopia do analista. Trata-se de uma atopia relativa à pessoa do analista. Só podemos falar de ato analítico para o analista; do lado do analisante não há ato analítico, há um fazer psicanalítico; algo que é da ordem do que Freud chamou em alemão de "*Arbeit*".

Os atos do analista só se fazem reconhecer como atos a partir de seus efeitos. Às vezes, é muito difícil para o analista ter um retorno a respeito de seus atos; até porque, depois que o analisante deixa a análise, o analista nem sempre tem notícias sobre aquela análise, se ela foi bem-sucedida ou se seus atos e intervenções tiveram um efeito na vida daquele analisante. Eles não voltam para dizer isso, a não ser na experiência do passe.

As instituições analíticas não revelam muito a respeito das análises didáticas. Por esse motivo, Lacan criou o dispositivo do passe. Trata-se de um dispositivo que possibilita falar dos efeitos dos atos analíticos no percurso de cada um.

Como promover a inserção do analista na cultura se seu lugar se caracteriza, justamente, por uma atopia?

É a questão que transita, há anos, no Congresso Nacional sobre o registro da profissão de psicanalista. Como se inserir na cultura sem deixar de ser analista? Esse aparente paradoxo se desfaz ao se desdobrar o campo de trabalho do analista em seu lado profissional e o analítico, propriamente dito. Como profissional o analista está sujeito às leis trabalhistas como todo trabalhador; porém, no exercício de seu fazer de analista, ele se coloca atópico, isto é, deslocado do lugar social e cultural em seu ato.

O analista está na análise como um operador da transferência; seu destino é ser resto da operação analítica.

Não há ato analítico sem transferência.

Retornando aos gregos

Os *Diálogos* de Platão são tomados, como referência para elaborar os conceitos de transferência e de interpretação. O seminário *A Transferência* gira em torno do *Banquete de Platão*. Para trabalhar a interpretação que evoca o saber inconsciente é o *Diálogo* com Mênon que serve de referência a Lacan. Na discussão com Mênon, Platão mostra que, ao se interrogar um escravo que nunca aprendeu nada, nunca sentou num banco de escola, que é completamente cretino, segundo as palavras do próprio Sócrates, iremos nos surpreender ao constatar que o escravo demonstra um saber muito próximo dos cientistas. Platão acredita que qualquer sujeito, se interrogado, sem nunca ter tido mestre, é capaz de chegar a produzir uma ciência. É nisso que Lacan vai aproximar o sujeito da psicanálise do sujeito da ciência.

> Ele saberá, portanto, sem ter tido mestre, graças a simples interrogações, tendo encontrado por si mesmo, em si mesmo, sua ciência (LACAN, Sem. 15, lição de 29/11/1967, p. 49).

Aqueles que passam por uma experiência analítica, mostram algo de semelhante à experiência desse escravo. Na medida em que o analisante é indagado, ele vai buscar no âmago do seu ser as respostas para aquilo que o faz agir de uma determinada forma e que lhe acarreta sofrimento. Chega-se, portanto, a uma ciência, no sentido de se ficar ciente de alguma coisa.

Por essa via, a questão do sujeito suposto saber na transferência vai sendo introduzida. Se o escravo é indagado, é porque se acredita que há um sujeito suposto saber, há um saber que ele vai conseguir operar. Esta é a partida para a questão da transferência. Da mesma forma, Platão também fala da criança e da mulher, ou seja, daqueles que estavam fora do saber instituído pela pólis, isto é, daqueles que "não contavam", no sentido de que não eram levados em conta nas questões relativas aos cidadãos. O saber da mulher, como não fálico, é muitas vezes chamado de intuição feminina. Platão indaga sobre a capacidade quase que inata que as mulheres têm de cuidar da casa. Não existe uma ciência, um saber instituído sobre isso, não é da ordem do conhecimento. Trata-se de uma outra lógica, que Lacan definiu como não toda fálica.

Encontramos no Poema de Parmênides algumas referências a esse saber atribuído às mulheres, apresentado ali ao se fazer guiar pelas deusas. Não há nada que autorize essa interpretação, mas ao ler o Poema de Parmênides, chama a atenção o fato de Parmênides se expressar por meio de uma deusa. O Poema começa com a narração de uma viagem que tem como meta o saber. A viagem é puxada por éguas e guiadas pelas

Filhas do Sol, as Helíades. O saber formulado ali sob a forma de poema evoca um campo muito além do saber fálico.

Com isso, seguimos o caminho de uma outra viagem, a transferência, que, também, vai na direção de um saber. Dependendo do conceito que se tem de transferência, maneja-se a clínica. Freud já falava que a transferência é o que move o trabalho analítico. Para Lacan, a transferência está ligada ao saber inconsciente e não ao conhecimento. Como se opera esse saber?

O analisante começa a ser indagado, tal como o escravo, nos *Diálogos* de Platão; afinal, o que, também, justifica o trabalho psicanalítico é a posição de escravo de seus sintomas na qual o analisante se encontra. Para que sua fala seja escutada e se instaure um outro discurso, é preciso que se tenha um certo cálculo, um certo mapa, para que as questões sejam localizadas nesse mapa da estrutura de cada um. E é exatamente porque se tem, digamos, um cálculo desses lugares, que se pode localizar, na estrutura, esse mapeamento. Quais são os mapas de Lacan?

Temos vários mapas que são os esquemas que Lacan usa para localizar, na estrutura, os lugares onde o sujeito se coloca. Ao se indagar o analisante de forma pontual, ele responde como se tivesse um cálculo, sem nunca ter estudado psicanálise. Ao perceber que havia semelhança entre a sua teoria da libido e o delírio de Schreber, Freud disse, com admiração: "Compete ao futuro decidir se existe mais delírio em minha teoria do que eu gostaria de admitir, ou se há mais verdade no delírio de Schreber do que outras pessoas estão, por enquanto, preparadas para acreditar" (Freud, 1976, v. XII, p. 104). A teoria de Schreber sobre os raios divinos se encaixa perfeitamente na teoria da libido. Constata-se, a partir da formalização teórica, que o analisante discorre sobre o objeto *a*, da divisão do sujeito, sem nunca ter tido notícia dessa teoria.

As intervenções analíticas, as interpretações, são feitas baseadas nesses mapas. Por isso, a interpretação não é um 'achismo', uma opinião, uma intuição, ou simplesmente uma questão de moral ou de bom senso. A interpretação é operada a partir do mapa que é a estrutura do aparelho psíquico, havendo uma correspondência entre o que se fala e a estrutura do sujeito do inconsciente. Pelo mapa chega-se ao sujeito. O termo mapa aqui deve ser tomado pela perspectiva da topologia, pois não se trata de um espaço métrico e sim, topológico.

É o saber do escravo, no Diálogo com o Mênon. A interrogação socrática, segundo Lacan, nos leva à "opinião verdadeira", que é algo da ordem da poesia. A indagação socrática, nesse sentido, estimula a inventividade do sujeito.

A escuta analítica abre a via para a transferência e aponta para o analista como sujeito suposto saber acionando a entrada em análise. O trabalho analítico, também chamado de trabalho de transferência, vai se sustentar, por algum tempo, nessa suposição de saber. No Seminário *O Avesso da Psicanálise*, livro 17, Lacan afirma que o sujeito suposto saber está do lado do analisante, e não do analista, pois é no analisante que se supõe um saber, que ele mesmo não sabe que sabe. Estamos falando do conceito freudiano de recalque primário.

Na medida em que vai se esgotando o que se pode saber de si e se depara com algo da ordem do impossível de ser analisado, interpretado, simbolizado, um novo manejo se faz necessário na clínica. Trata-se de algo que não está no mapa, que não se faz representar nem nomear, é alguma coisa que só se pode operar por meio de um ato. Ou seja, o ato diz respeito à parte indecifrável, que vai aparecer sob a forma de repetição em ato, e, no analista, sob a forma de ato analítico. O ato analítico diz respeito ao ponto em que já houve a destituição do sujeito suposto saber.

O surgimento do *acting out* vem mostrar ao analista, por meio da atuação, a impossibilidade de a análise dar conta desse ponto de repetição. Estamos às voltas com o real, impossível, que retorna sempre ao mesmo lugar. O *acting out* é uma forma de mostrar ao analista algo que não é escutado porque não para de não se escrever – impossível lógico formulado por Lacan ao tratar do registro do real. Por isso é que Lacan vai falar que o *acting out* diz respeito ao analista. O que entra em cena é a realidade do inconsciente como faltosa.

O saber do sujeito suposto saber é só suposto; e saber não é conhecimento, insiste Lacan. O analista apenas faz *semblant* de que detém esse saber. Porém, ele não pode perder de vista que o seu próprio ato levou-o a esse lugar de destituição. Esta é a meta do analista. Se não se deixar destituir da posição de sujeito suposto saber, a transferência se congela e impede o final da análise. Enquanto o analisante deixa rolar a palavra, o analista vai localizando no mapa não só os fatos de estrutura, mas, principalmente, os buracos da estrutura, pois, mais cedo ou mais tarde, ele precisará desse saber para o manejo do real. É isto que dará recursos ao analista para intervir, e para nortear o seu ato. O ato analítico não é um ato arbitrário. Todo ato tem uma borda significante, todo ato vem na transferência. O saber se constitui na moldura do não saber. O saber e o não saber vão se emoldurando, se enquadrando, fazendo o mapa. Estamos na base da topologia.

Para ir mais além desse "deixar rolar", é preciso introduzir a função do número. Introduzir a função do número é introduzir a questão da repetição. Aquilo que se pôde contar, ou seja, quantas vezes se repetiu uma mesma coisa no funcionamento do analisante. Afinal, um número é a repetição do mesmo. Lacan define, assim, o real: o que volta sempre ao mesmo lugar.

É por meio da contabilidade da repetição que se pode supor qual é o número do sujeito. Número do sujeito entendido aqui como o seu número na vida, o seu lugar fantasmático, a forma de se apresentar no mundo. Qual é o número de cada um? Número também no sentido da contabilidade, ou seja, quantas vezes ele se mostrou daquela forma, daquele jeito, naquele contexto. Isso leva um certo tempo para se saber. A rede é tão emaranhada e o ponto de repetição vem tão floreado, que é preciso enxugar, limpar, decantar para ouvi-lo, ou melhor, para contá-lo, pois a repetição é o que se conta.

No momento em que o sujeito se lança num ato, não se pode dizer que há um sujeito, ou seja, o sujeito não é agente desses atos. Quem age é o *a*; é o *a* que divide o sujeito e o faz agir de uma determinada forma e o deixa sem saber por que faz isso ou aquilo. É pura divisão.

O ato analítico produz a divisão operando o corte que destitui o analisante do lugar de objeto ao qual se fixou. O manejo analítico se faz com cortes e suturas, ato e interpretação, alienação e separação, dois tempos lógicos da transferência, segundo a conhecida elaboração de Lacan no *Seminário 11*.

A questão analítica diz respeito à interpretação, que porta a dimensão do ato, e, portanto, inclui o real.

Há um tempo do trabalho analítico em que se privilegia a articulação na cadeia significante cujo objetivo é a estruturação do campo da subjetividade para dar conta de se suportar o corte. Se não houver essa borda, não se consegue suportar o vazio da estrutura. A estrutura edipiana organiza e determina os lugares que o sujeito se coloca.

Para que o ato analítico opere, é preciso que o analista tenha feito o atravessamento em sua própria análise, que permite suportar o vazio desse intervalo e operar a partir desse lugar.

Estamos trabalhando em dois campos: o do analisante e o do analista enquanto operador do ato.

A suposição de saber atribuída ao analista é o que cai como efeito do ato, na medida em que o analista se reduz a ser apenas essa suposição e não o saber como tal.

Ato 4 - Seminário de Lacan de 6/12/1967

Esta lição inicia-se com a referência a dois personagens de "Hamlet", Rosencrantz e Guildenstern. São duas figuras secundárias na tragédia, mas estão presentes ali o tempo todo como interlocutores de Hamlet. Lacan os toma da peça do dramaturgo inglês Tom Stoppard, estreada em Londres em 1967 com grande sucesso, e em 1990 foi transformada em filme pelo próprio Stoppard, que reescreve a tragédia pelo ponto de vista desses dois personagens. A peça se intitula: *Rosencrantz and Guildenstern are Dead*, traduzindo, "*Rosencrantz e Guildenstern estão mortos*". Lacan vai dizer que eles não estão mortos, que eles estão sempre lá como um fato de estrutura. Se a tragédia de Hamlet nos remete a alguma coisa que nos toca até hoje, depois de centenas de anos, é porque ela toca em pontos da nossa estrutura. A fala desses dois personagens está sempre presente, de maneira que, ao lermos a Tragédia, somos mobilizados porque eles estão ali tocando nesses pontos da estrutura. É isso que faz com que os textos clássicos, mesmo os muito antigos, produzam, ainda hoje, efeitos. Só produz feito aquilo que toca em fatos de estrutura. O efeito é justamente tocar nesses pontos de uma verdade que está mais além do conteúdo, mais além do imaginário, da forma, uma verdade que está no nível da estrutura. Por isso, mostrar o mapa da estrutura permite perceber onde algo nos toca e nos causa.

Falar de estrutura nos leva aos três registros, o simbólico, o imaginário e o real. O sujeito é uma projeção do simbólico. O sujeito dividido, barrado, cuja estrutura é engendrada numa análise, é o reflexo, a projeção do simbólico, situado entre o imaginário e o real. O sujeito é dividido entre uma parte real e uma imaginária. É o simbólico que produz tal divisão, definida como castração simbólica. O sujeito é dividido entre sua imagem e o furo, aquilo que a imagem não representa. Esse é o ponto de partida e de chegada da psicanálise.

Destaca-se três níveis de *mathésis*, ou seja, de apreensão sábia, no analista:

- a primeira diz respeito à teoria da reminiscência, que foi evocada na referência a Mênon. Lacan centra tal apreensão como uma prova reveladora que pode ser enunciada da seguinte forma: *eu leio*;
- a segunda, que é presentificada no progresso da nossa ciência, pode ser enunciada como*: eu escrevo;*
- a terceira é produzida pela incidência significante e pode ser formulada como: *eu perco.*

Essas três réplicas designam o modo próprio da apreensão sábia que é a do analista, e que começa no terceiro tempo dessa apreensão: "*eu perco*", eu perco o fio. Aí começa o que nos interessa saber, diz Lacan na lição de 6/12/1967. É ao perder o fio, também, que Freud deu ênfase aos atos falhos, lapsos e tropeços desde o início da teoria psicanalítica.

Seguindo a trilha de Freud enfocamos os buracos, as falhas e o que sai da linha ou perde o fio. Isso se aplica à transmissão da psicanálise através de seu ensino que, ao enfocar esse campo de falta, toca no que há de insuportável para os analistas, que é se haver com a própria insuficiência e os limites das análises. Afinal, não se pode esquecer que desde o início das elaborações freudianas, o estatuto do gozo é a insatisfação.

Considerando que há um mais além, um campo de falta, de desconhecimento que rege nosso fazer, retomemos os mapas em que se pode apreender os buracos da estrutura. Afinal, quando caminhamos por terrenos desconhecidos precisamos de mapas para nos guiar. Os chamados mapas que nos referimos aqui, são espaços topológicos

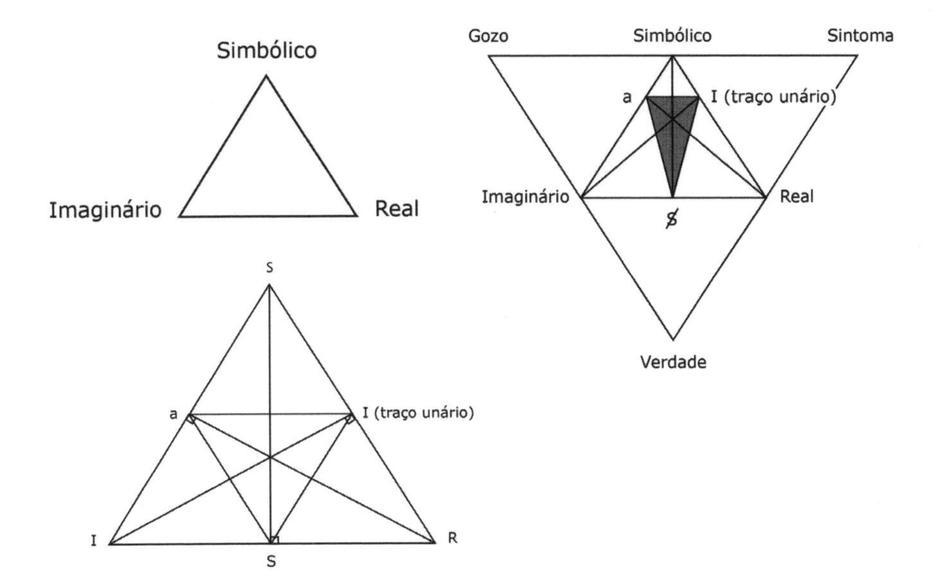

Estão localizados nos vértices do triângulo os três registros – Real, Simbólico e o Imaginário. No centro há um outro triângulo, incluindo o *(I)* do traço unário, o *a* do objeto a e o sujeito barrado ($) como projeção desses dois.

O sujeito é determinado por dois significantes, conforme o conhecido aforismo "um significante representa o sujeito para um outro significante". A divisão se faz entre o que é da ordem do *(I),* do traço unário, e o que é da ordem do objeto *a*, daquilo que falta. Um é a marca, o outro é a falta.

É interessante constatar, nesse esquema triangular, que o *(I)* está do lado do Real e o *a* do lado do imaginário. Nesse tempo do ensino de Lacan, o objeto causa, ainda, concerne ao imaginário. A primeira formulação de Lacan sobre o objeto *a* se inspira no conceito de objeto transicional de Winnicott, como objeto imaginário no qual o sujeito fica capturado, porém, o que o diferencia da formulação winnicottiana é que, para Lacan, trata-se do furo no imaginário, é como se eu me olhasse no espelho, visse minha imagem, mas nessa imagem há um ponto que eu não vejo. Esse ponto que eu não vejo é o *a*. O que eu não vejo é que me faz indagar: "Aquele sou eu?" Preciso da confirmação de um outro.

O objeto *a* é, assim, esse furo no imaginário, ponto não especularizado. O objeto *a* não existe sem o imaginário e sua existência exige que seja recortado, extraído. Formulações como "a queda do objeto a" ou "deixar cair o objeto" podem ser entendidas como uma extração do *i(a)*, da imagem do objeto; não a imagem em si, mas o furo na imagem.

O traço unário, nesse esquema triangular, está do lado do real porque é uma marca de uma falta, e cada vez que o objeto cai, essa falta é contabilizada na estrutura como um traço. Assim, é um traço no real, é um sulco, uma cifra; por isso, Lacan utiliza o número. O exemplo clássico de Lacan é a dança grega em que se jogam os pratos no chão, e que aparece numa cena do filme do diretor Jules Dassin (1960) "Nunca aos Domingos". Cada vez que um prato é lançado ao chão e se quebra, a caixa registradora contabiliza a perda. Lacan vai dizer que é essa contabilidade que acontece na operação de engendramento da estrutura do sujeito, cada vez que caímos como um *a*, algo é contabilizado, cifrado como um número em algum lugar da estrutura, e é isso que vai marcando o traço unário. Tal contabilidade permite identificar o lugar do gozo de cada um. Só se pode identificá-lo por causa do *a*.

A clínica nos oferece inúmeros exemplos disso. As escolhas de objetos são marcadas pelo mesmo traço, presente em diferentes parceiros. Trata-se de um traço que tem a ver com o *a*, com um ponto que não sabemos e que impõe a pergunta: O que ele, ela ou isso tem? É a repetição que dá estatuto a esse traço do objeto.

Na medida em que vamos usando o mapa, não precisamos empregar tantas palavras para identificar, em cada caso, esses lugares, esses elementos, e localizá-los na estrutura. É uma forma de se extrair a especificidade do sujeito formalizando o gozo com o mínimo de consistência.

Seguindo o mapa triangular, pela projeção do Simbólico, vê-se que Lacan coloca a verdade num mais além. "[...] É, a saber, que a verdade está no lugar do Outro, a inscrição do significante" (Lacan, Sem. 15, lição de 6/12/1967, p. 70).

Retornando à Freud

Assim, a verdade é igual à inscrição significante. Isso se encontra em Freud, na Carta 52, ao assinalar que a estrutura psíquica é constituída por meio de transcrições e retranscrições, que, no mapa, podem ser localizadas por meio desses triângulos superpostos, um dentro do outro, de acordo com o esquema que Lacan apresenta nesse seminário sobre o ato.

> [...] como você sabe, estou trabalhando com a hipótese de que nosso mecanismo psíquico tenha-se formado por um processo de estratificação: o material presente em forma de traços de memória estaria sujeito, de tempos em tempos, a um *rearranjo* segundo novas circunstâncias - a uma *retranscrição* (Freud, 1896/1976, v. I, p. 317).

Segundo Freud, primeiro existem as percepções chamadas de *Wahrnehmungen* (W):

> [...] são os neurônios nos quais as percepções se originam, a que se liga a consciência, mas que em si não conservam nenhum traço do que aconteceu. Pois a consciência e a memória se excluem mutuamente (Freud, 1896/1976, v. I, p. 318).

Depois, vem alguma coisa que indica a percepção, um traço de memória que é registrado, chamado de *Wahrnehmungszeichen,* (Wz), cuja tradução é "indicação da percepção": "[...] é o primeiro registro das percepções; é praticamente incapaz de assomar à consciência e se dispõe conforme as associações por simultaneidade" (Freud, 1896/1976, v. I, p. 318).

Em seguida há o que Freud define como o *Unbewusstsein* (Ub), que se traduz por inconsciência e que "[...] talvez correspondam a lembranças conceituais; igualmente sem acesso à consciência" (Freud, 1896/1976, v. I, p. 318).

E, por fim, há o pré-consciente, *Vorbewusstsein* (Vb):

> [...] terceira transcrição, ligada às representações verbais e correspondendo ao nosso ego reconhecido como tal [...]. A consciência do pensamento é subsequente no tempo e provavelmente se liga à ativação alucinatória das representações verbais, de modo que os neurônios da consciência seriam também neurônios da percepção e, em si mesmos, destituídos de memória (Freud, 1896/1976, v. I, p. 318).

Lacan refere-se a esse último tópico da Carta 52, a respeito da consciência, nos seguintes termos:

> [...] Vocês sabem que esses dois elementos formarão mais tarde, quando se tratar de estabelecer a segunda tópica, o sistema percepção-consciência. *Wahrnehmung-Bewusstsein,* mas não se deve esquecer então o intervalo que os separa, no qual está o lugar do Outro, onde o sujeito se constitui (Lacan, 1988, p. 48).

Destacamos, ainda, o que Freud assinala, algumas linhas depois, das formulações citadas:

> Cada transcrição subsequente inibe a anterior e lhe retira o processo de excitação. Se falta uma transcrição subsequente, a excitação é manejada segundo as leis psicológicas vigentes no período anterior e consoante as vias abertas nessa época. Assim, persiste um anacronismo: numa determinada região ainda vigoram determinados "*fueros*"; estamos em presença de "sobrevivências" (Freud, 1896/1976, v. I, p. 318).

Continuando no parágrafo seguinte: "Uma falha na tradução – isto é o que se conhece clinicamente como 'recalcamento'[...]" (Freud, v. I, p.319). É importante destacar aqui o mecanismo do recalque, como falha na tradução.

Ressalta-se que Freud também tinha seus mapas e os constrói como esquemas para apresentar essa estratificação:

	I	II	III	
W	Wz	Ub	Vb	Bews
(P)	(SP)	(Ics)	(Prc)	(Cs)

Podemos ver em tais hipóteses freudianas uma indicação da inscrição significante formulada, posteriormente, por Lacan, especificamente no Seminário *Os Quatro Conceitos Fundamentais da Psicanálise, livro 11*:

> [...] Ele nos designa agora um tempo em que esses *Wahrnehmungszeichen* devem ser constituídos na simultaneidade. O que é isto – se não é a sincronia significante? E, por certo, Freud diz isto tanto mais quanto ele não está sabendo que o diz cinquenta anos antes dos linguistas. Mas nós, nós podemos de imediato lhes dar, a esses *Wahrnehmungszeichen*, seu verdadeiro nome de *significante*. E nossa leitura se garante ainda de que Freud, quando retorna a esse lugar na *Traumdeutung*, designa ainda outras camadas, onde os traços se constituem dessa vez por analogias (Lacan, 1988, p. 48).

A partir dessas formulações, podemos constatar que a estrutura psíquica se constitui por traços e intervalos, furos ou falhas. Esses dois campos estão sempre presentes conforme se pode deduzir pela prevalência dos binários que se apresentam desde o início da teoria psicanalítica: consciente - inconsciente, pulsão de vida - pulsão de morte, princípio do prazer - além do princípio do prazer, *tiquê* - *autômaton*, alienação - separação, e muitos outros, sem esquecer o básico binário S1 S2. No final de seu ensino, Lacan busca uma escrita que não seja dessa ordem dos binários, uma fixão no real.

Podemos dizer, a partir dessas formulações, que a verdade, aqui formulada, é a conjunção do *I* e do *a*. Será que o ato psicanalítico toma a cargo a verdade?

Diante da estrutura dividida, Lacan remete-se a Pôncio Pilatos. O analista não chega a tal posição, e diz:

> O psicanalista não toma a cargo a verdade. Ele não toma a cargo a verdade, porque nenhum dos polos é julgável em função do que ele representa de nossos três vértices de partida. É, a saber, que a verdade está no lugar do Outro, a inscrição do significante (Lacan, Sem. 15, p. 70, lição de 6/12/1967).

A posição do analista é situada, aqui, como no centro, onde está o vazio, o buraco, o lugar do desejo. Para que ele opere desse lugar é preciso que haja algo que 'pegue', que toque o real da estrutura. É por essa via que se articula a posição do analista com o dejeto, o resto, ou seja, o objeto *a*.

O objeto *a* é o que resta de não simbolizado, portanto, toca o real; é o que não foi transcrito. Essa estrutura vai se modificando, mas conserva alguma coisa de onde surgiu.

A posição de objeto *a*, de onde opera o ato analítico, não é a mesma posição do analista enquanto profissional. O lado profissional do analista se rege pelas mesmas normas de qualquer profissão, como pagamento de impostos, inscrições em conselhos etc. Isso implica num desdobramento de sua função que deve ser considerado. O ato analítico operado pelo analista como semblante de *a*, visa ao advento do sujeito barrado.

A lição de 6/12/1967 termina retomando Winnicott, seu objeto transicional e a formulação do *self* como *false* e *true*. Embora tais conceitos tenham uma importância que foi ressaltada por Lacan, ele os desenvolveu numa direção diferente no que se refere à posição do analista e ao manejo clínico. Se tomarmos Falso e Verdadeiro no sentido da lógica formal aristotélica, tal lógica serve para predicar o falo. O que está em pauta, aqui, é a questão da verdade. Verdade esta que foi cercada por muitos conceitos freudianos, como *Real Ich, Lust Ich, Ego, Id.* A posição na qual o analista opera o seu ato se definirá dependendo do conceito que se tem do que vem a ser a verdade para a psicanálise. A direção apontada por Freud e tomada por Lacan indica um mais-além, e que uma outra lógica dê conta de um campo não todo fálico.

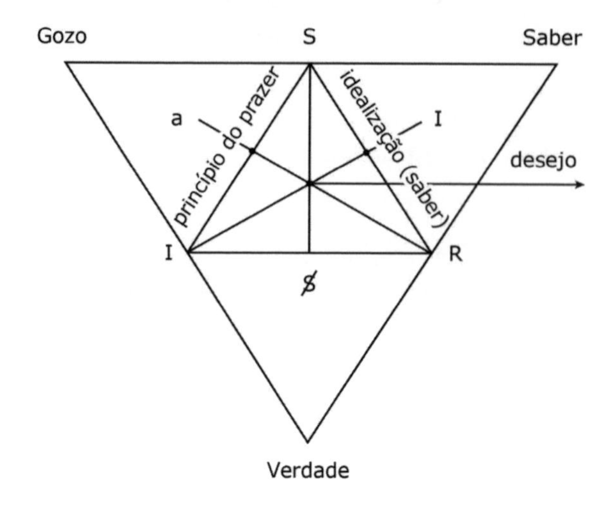

Ato 5 – Seminário de Lacan de 10/01/1968

Este é o primeiro seminário do ano de 1968 realizado por Lacan. Aproveitando o ensejo oferecido pela ocasião, ele fala sobre o ano novo. O novo, aqui, articula-se ao movimento repetitivo de terminar e recomeçar a cada ano. Talvez o movimento da lua nos seja mais significativo, na medida em que ela desaparece num dado momento para reaparecer depois, razão pela qual é chamada de lua nova.

Com relação ao ano, a demarcação significante estabelece um começo e um término de um ciclo, que, como tal, não corresponde exatamente ao real. Portanto, o começo de um ano, assinala Lacan, é da ordem de um ato, na medida em que está ligado à necessidade de se determinar um começo.

Desejar um 'feliz ano novo' faz parte dos atos cerimoniais.

> Atos que, em um quadro que se pode chamar de "Império", consistiam em que, num dia determinado, o imperador manipulava o arado com suas próprias mãos. É um ato ordenado que marcou um começo, na medida em que era essencial a uma certa ordem do Império que essa fundação, renovada no começo de cada ano, fosse marcada (Lacan, Sem. 15, lição de 10/01/1968, p. 78).

É assim que se estabelecem os chamados 'atos tradicionais', que vão constituindo o campo das tradições, essencial à ordem significante. Isto não se estabelece sem um ato fundador, um ato inaugural que impõe a repetição por meio de uma transmissão em cadeia. Assim se concebe a constituição da estrutura e pode-se entender a fecundidade do mito da criação: "No começo era o ato" diz Goethe, parafraseando a fórmula bíblica: "No começo era o Verbo".

Ressalta-se, assim, que não há começo sem ato, sem uma ação específica; o que leva à constatação de que um ato não é um fazer qualquer, ele tem uma especificidade, que nos detém a examiná-lo por meio de mais um mapa a ser tratado na perspectiva topológica.

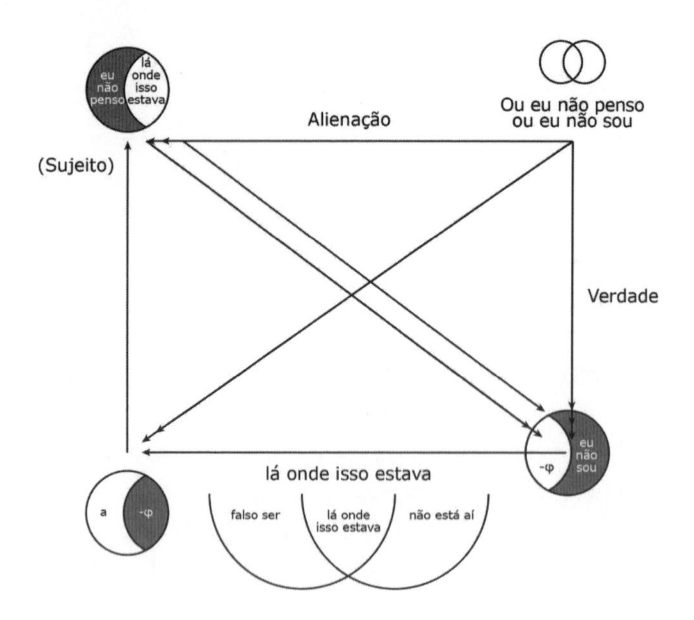

Tal figura nos permite situar os tempos de entrada e de final de uma análise. Se falamos de começo é para articular o começo de uma análise, isto é, da entrada em cena da realidade do inconsciente, como se define a transferência, aqui localizada por meio do eixo que atravessa o mapa da direita para a esquerda, ou seja, o quadro de uma análise. O ato do analista é que aciona, acarretando a entrada ou não em análise. Depende da estrutura que vai se definindo a partir, e como efeito, do ato analítico.

O que se ressalta com relação ao ato psicanalítico, é que tais atos são significantes, e como tais inauguram uma outra cena, a do inconsciente.

O ato de colocar o inconsciente em cena opera uma ruptura com o *cogito* cartesiano, instaurando uma nova dimensão ao entendimento do funcionamento psíquico. O "Penso, logo sou" de Descartes, a partir da teoria do inconsciente, pode ser lido de uma outra perspectiva:

> Não há dúvida que a revelação do "eu penso" do inconsciente implica [...] algo revelado pelo "logo sou" do *Cogito* de Descartes,

que é esta dimensão que eu chamaria de "desativação": lá onde mais certamente eu penso, ao me dar conta disso, eu lá estava, mas exatamente no mesmo sentido [...] desse emprego muito específico do imperfeito em francês, que faz toda a ambiguidade da expressão "um instante mais tarde, e a bomba explodia..." O que quer dizer que, justamente, ela não explodiu (Lacan, lição de 10/01/1968, p. 81-82).

O *cogito* cartesiano para oferece uma leitura de um outro *cogito*, o freudiano: *Wo Es war soll Ich werden* - onde o isso estava, o sujeito deve advir. A questão que se formula é: será que ele pode advir? A clínica psicanalítica se sustenta nessa hipótese. O sujeito pode ser definido como uma hipótese. No caso desta hipótese ser afirmativa, a direção do tratamento se torna uma aposta no advir do sujeito.

Traduzir *o Ich* freudiano por sujeito muda a direção da clínica. O lugar do analista nessa conjuntura, é o de semblante de objeto *a*. Desta posição de *a*, o analista pode tocar na questão fantasmática em que o sujeito se encontra capturado e no que o impede de advir, mostrando, também, que há uma lógica da fantasia. O discurso do analista, que será formalizado no Seminário *O Avesso da Psicanálise*, livro 17, já estaria sendo gerado nesse tempo do Seminário *O Ato Psicanalítico,* livro 15, pois em termos cronológicos, eles estão muito próximos. O *a* como agente aciona a divisão do sujeito. Tal divisão permite ao sujeito saber sobre seu gozo. O termo conjunção-disjuntiva, utilizado no Seminário anterior, *A Lógica do Fantasma*, livro 14, aponta para as operações de alienação-separação presentes na constituição do sujeito. Se no Seminário *Os Quatro Conceitos Fundamentais da Psicanálise*, livro 11, Lacan falou dessa conjunção-disjuntiva em termos de "a vida ou a morte" ou "a liberdade ou a morte", aqui ele trata disso em termos de "ou eu não penso ou eu não sou", a partir do *cogito* cartesiano.

Tal proposição lógica se aplica à relação da fantasia com o inconsciente. Para estar lá no inconsciente não é necessário que eu pense. Lá onde eu penso é para não mais estar em mim, "eu não estou aí onde eu penso". Esta frase soa como um aforismo: "Jamais se é tão sólido em seu ser como quando não se pensa".

Se assinalamos que estamos tratando do advir do sujeito dividido em sua estrutura, tal divisão se apresenta, neste seminário, em termos de:

- "eu não penso" – lugar do ser vazio de consistência, alienado no mais profundo de seu inconsciente onde, topologicamente, não há representação capaz de dizer de sua marca fundadora.
- "eu não sou" – campo do pensamento em que o sujeito só pode tomar forma por meio de representações que lhe conferem o estatuto de ficção.

Nesse ponto de nossa leitura, uma questão relevante para o entendimento do conceito de objeto *a*, nos leva a retomar os conceitos freudianos de libido narcísica e libido objetal.

> [...] o que se chama a libido objetal (... o objeto *a*, pois é isso a libido objetal), não tem nada a ver com o amor, uma vez que o amor é o narcisismo e os dois se opõem: a libido narcísica e a libido objetal (Lacan, Sem. 15, lição de 10/01/1968, p. 83).

Definir a libido objetal como relativa ao objeto *a* nos permite entender o amor transferencial como um outro amor, inédito, capaz de abrir mão de seus objetos, além do narcisismo.

Aceder a um novo amor e ver surgir um novo desejo implica uma travessia tal como a travessia do Rubicão, por César. O valor de seu ato tem um caráter significante. Ultrapassar o rio era entrar na terra-mãe, na terra da República; era violar um limite sancionado pela Lei e fazer uma ruptura. Depois dessa travessia César não será mais o mesmo. Por isso esse exemplo é paradigmático do ato.

> [...] Trata-se do "eu não penso", em sua necessidade estruturante, enquanto inscrito neste ponto de partida sem o qual não poderíamos, no ano passado, ter articulado coisa alguma sobre o que é a lógica da fantasia (Lacan, Sem. 15, lição de 10/01/1968, p. 84).

A questão gira em torno do ser ou não ser a marca fundadora que dá o ponto de partida. Porém, se o começo for o zero, a contabilidade começa a ser operada a partir da marca apagada pelo recalque. De qualquer forma, Lacan fala de um começo que decorre de um efeito da marca: ou se é a marca ou não se é, portanto, não penso. Se eu sou uma marca que eu nunca poderei saber sobre ela, pois se trata do recalque primário, eu sou onde não penso. Se, por outro lado, eu venho a pensar, se meu pensamento dá formas ao meu ser, aí, onde eu penso, é justamente onde eu não sou; é a minha ficção sobre o eu mesmo.

Ao falar de uma asserção de certeza antecipada, em seu texto *O tempo lógico e a asserção de certeza antecipada*, publicado nos *Escritos*, Lacan aponta para uma operação que é uma assertiva sobre algo que não se sabe, que é, justamente, sobre a cor do disco que cada um dos prisioneiros, segundo o sofisma, carrega nas costas e que necessita de um julgamento lógico em que a questão do tempo é operante.

Para saber a cor do disco, a marca que cada um carrega nas costas e sair da prisão é preciso uma operação que inclua o tempo. Quando se está preso nos pensamentos, não se consegue tocar no âmago do ser de cada um que é o lugar do sujeito do desejo enquanto acionado pela falta de pensamentos.

No começo era o Verbo. Parodiando a fórmula bíblica, Freud remete-se à frase de Goethe: *No começo era o ato.* Sem o ato psicanalítico não há começo de análise.

Wo Es war soll Ich werden, lá onde o Isso estava o sujeito deve advir, deve se tornar analista. Mas, como? Que lugar o analista ocuparia nesse contexto? Ora, para que um ato seja analítico, ele deve ser operado de um lugar em que 'eu não penso', pois, não é um ato pensado. Justamente onde eu não penso é que meu ato pode ser definido como psicanalítico. O ser do psicanalista advém por meio de seu ato. O psicanalista é particularmente sujeito a esse 'eu não penso'.

O início da análise, esse começo lógico, poderia ser pensado no sentido do zero na matemática? Ora, sabemos que o zero surge depois da contabilidade dos números inteiros, e pressupõe a repetição do mesmo, ou seja, de uma mesma marca, que deve ser tomada aqui como uma marca apagada pelo recalque, portanto, rasura. Ou se tem a marca ou não se é. Freud falava em narcisismo primário. Lacan fala, aqui, da alienação. Onde está o começo? Na marca ou no apagamento da marca? Este seria o ponto de báscula tocado pelo ato analítico e que reabriria o inconsciente a cada vez que fosse operado esse ato. Como sabemos, o inconsciente tende a se fechar.

Caminhando para o final desta lição, destacamos: "[...] Começar a ser psicanalista [...] é algo que começa no fim de uma psicanálise. [...] e é este ato [...] que nós garantimos" (Lacan, Sem. 15, lição de 10/01/1968, p. 87).

O que há no lugar onde o isso estava nada mais é que a castração, a divisão. Portanto, há dois: o $-\varphi$ e o *a*, causa de desejo. É dessa divisão que depende o sujeito. Lacan vai dizer, também, que há dois *Wo Es war – lá onde isso estava.* Um, ligado ao sujeito enquanto falta, e outro, ao objeto enquanto perda. Este último, é que será o operador da causa do desejo. O sujeito depende dessa causa que o faz dividido e é efeito dessa perda.

Na análise, a queda do sujeito suposto saber coloca em cena esse resto que é o objeto *a*, permitindo que o lugar aberto pela queda do sujeito suposto saber possa ser ocupado por aquele que estava na posição de analisante, possibilitando a passagem à posição do analista. Trata-se de uma subversão do sujeito que implica todo o funcionamento do saber e que foi interrogado por Lacan diversas vezes nesse seminário sobre o lugar do saber antes que se o saiba. A extração do objeto *a* faz surgir um ser sem consistência, como são todos os objetos *a*. Podemos dizer que uma análise faz um percurso que, em termos transferenciais, vai do *sujeito suposto saber* ao *sujeito sem substância.* Esse ser sem substância seria o operador do ato.

Concluindo, o final da análise consiste na queda do sujeito suposto saber, e na redução do analista ao lugar de resto dessa operação, semblante de objeto *a* como causa da divisão do sujeito.

> Aquele que, fantasmaticamente, joga a partida com o psicanalisando como sujeito suposto saber, a saber, o analista, é aquele (o analista) que vem, ao termo da análise, a suportar não ser nada mais que este resto. Esse resto da coisa sabida que se chama objeto "*a*". É ao redor disso que deve incidir nossa questão (Lacan, Sem. 15, lição de 10/01/1968, p. 89-90).

O analista que chegou ao fim de sua própria análise também saberá recomeçar reabrindo o inconsciente a cada volta, por meio de um ato que reedita o ato inaugural de Freud da descoberta da psicanálise.

Ato 6 - Seminário de Lacan de 17/01/1968

Prosseguimos na formulação sobre o *ser do analista* para situarmos de onde o ato do analista é operado. A existência do analista é uma existência lógica: "há psicanalista" ($\exists$).

A existência do psicanalista não é uma existência palpável, não é uma existência material, não é uma existência como a existência das pessoas, não é uma existência fálica. Qual seria, então, o estatuto da existência do analista?

A via tomada para responder a esta questão é a do ato e, especificamente, o ato do analista. Para cumprir tal objetivo, começamos por conferir ao ato o estatuto de um dizer, ou seja, a diz-mansão do ato. Assim: o ato diz algo. É preciso, então, escutá-lo. Porém, como opera essa escuta?

Para entender a especificidade do dizer operado pelo ato, Lacan recorreu a contribuições fundamentais para chegar ao estatuto a ser formalizado. Descartes, Kant, Aristóteles, Sade, Hegel, Marx e Freud são citados como responsáveis por um certo número de mudanças decisivas no pensamento da humanidade no que diz respeito à ética que rege o comportamento humano.

Partimos da proposição: "agir conforme a sua consciência".

Poderia ser uma referência à ação do homem se essa consciência, num certo momento da história, não tivesse sido posta em questão.

Tomemos, assim, René Descartes e o *cogito* cartesiano.

Há um questionamento da consciência que pode ser acompanhado na leitura das *Meditações* de Descartes. Tal questionamento abre caminho para uma outra dimensão do saber humano que até então não era cogitado. Isso levará, séculos depois, à formulação do sujeito do inconsciente, que subverte o *cogito* cartesiano, mas que só pôde ser formulado a partir do mesmo. Para se ter uma ideia, basta seguir o que Descartes diz em sua *Meditação Quarta*:

> 1. Acostumei-me de tal maneira nesses dias passados a desligar meu espírito dos sentidos e notei tão exatamente que há muito poucas coisas que se conhecem com certeza no tocante às coisas corporais, que há muito mais que nos são conhecidas quanto ao espírito humano, e muito mais ainda quanto ao próprio Deus, que agora desviarei sem nenhuma dificuldade meu pensamento da consideração das coisas sensíveis ou imagináveis, para dirigi-lo àquelas que, sendo desprendidas de toda matéria, são puramente inteligíveis.
>
> 2.[...] E quando considero que duvido, isto é, que sou uma coisa incompleta e dependente, a ideia de um ser completo e independente, ou seja, de Deus, apresenta-se a meu espírito com igual distinção e clareza; e do simples fato de que essa ideia se encontra em mim, ou que sou ou existo, eu que possuo essa ideia, concluo tão evidentemente a existência de Deus e que a minha depende inteiramente dele em todos os momentos de minha vida, que não penso que o espírito humano possa conhecer algo com maior evidência e certeza. (Descartes, 1996, p. 297-298).

Descartes, ao abrir o campo da dúvida, vislumbra a castração, e, nesse lugar, advém a ideia de um Deus onisciente capaz de responder aos anseios do homem incompleto e dependente.

Ancorado nas formulações filosóficas como as de Alexandre Koyré, Lacan atribui ao ato enunciativo do *cogito* cartesiano a emergência da ciência moderna, assim como os fundamentos do próprio sujeito da psicanálise.

Para que o sujeito advenha é preciso que algo o sustente como tal. E o que vem a ser esse algo que sustenta? É nesse campo que a psicanálise conceitua como o da transferência que se formula a noção de sujeito suposto saber, como operador desse trabalho.

Assim como Descartes, que no momento em que a dúvida se instala se abre para a ideia de um Deus onisciente, um Deus que sabe, Lacan – no momento em que o inconsciente se abre como estrutura de falta – também formula a ideia de um sujeito suposto saber. A ênfase recai sobre o termo 'suposto', que faz toda a diferença.

> Lacan não considera o *eu penso* como um pensamento, mas como uma fala, um significante (...), que se reescreve em função do algoritmo saussuriano:
>
> significante = eu penso
>
> significado = eu sou
>
> O que faz aparecer uma divisão entre o *eu* do sentido e o *eu* da existência (Porge, 2009, p. 112).

Em *Os Quatro Conceitos Fundamentais da Psicanálise,* livro 11, Lacan indaga num certo momento: "O que procura Descartes?" - e responde: a certeza.

O encaminhamento de Descartes busca a verdade e ele a encontra na suposição de um ser onisciente que é Deus.

> [...] O desejo de certeza, não chegou, para Descartes, mais que à dúvida - a escolha desse caminho o levou a operar uma separação bem singular. [...].
>
> A certeza não é, para Descartes, um momento que se possa ter por assentado uma vez que foi atravessado. É preciso que ele seja, de cada vez, por cada um, repetido. É uma ascese. [...].
>
> Quando Descartes inaugura o conceito de uma certeza que se manteria por inteiro no *eu penso* da cogitação, marcada por esse ponto de não saída que há entre a niilificação do saber e o ceticismo, que não são de modo algum duas coisas semelhantes - poder-se-ia dizer que seu erro é crer que isso é um saber. Dizer que ele sabe alguma coisa dessa certeza. Não fazer do *eu penso* um simples ponto de desvanecimento. Mas é que ele fez outra coisa que concerne ao campo, que ele não nomeia, onde erram todos esses saberes de que ele disse que convinha colocá-los numa suspensão radical. Ele põe o campo desses saberes no nível desse sujeito mais vasto, o sujeito suposto saber, Deus. Vocês sabem que Descartes não pode senão reintroduzir sua presença. [...] (Lacan, 1988, p. 212).

A solução dada por Descartes à questão das verdades eternas é ressaltada por Lacan com admiração: "as verdades eternas são eternas porque Deus as quer assim" (Lacan, 1988, p. 213).

Há ainda uma indagação:

> Não é mesmo singular, esse eco que encontramos... entre a ética da análise e a ética estoica? O que é a ética estoica no fundo? - senão...

> o reconhecimento da regência absoluta do desejo do Outro, esse *Seja feita a vossa vontade*! retomado no registro cristão (Lacan, 1988, p. 240).

A presença de Deus é recolocada sim, mas de forma totalmente diferente da ciência até então inseparável da divindade. A ciência moderna, que se inaugura com Descartes, retira de Deus a sabedoria que passa a ser produzida pelos tratados matemáticos modernos até nossos dias. Mas, atribui à vontade de Deus a causa que move as verdades eternas.

E o sujeito suposto saber?

A resposta de Lacan, também, se formula aí: é o analista. Entretanto, em *O Avesso da Psicanálise*, livro 17, ele retificará tal posição dizendo que o sujeito suposto saber está do lado do analisante.

Encontramos em Freud os fundamentos dessa estrutura que é sustentada pelo recalque, pedra angular. Ora, sabemos que o recalque primário é definido como um saber que não se sabe.

> Do momento em que há saber, há sujeito, e é preciso algum deslocamento, alguma fissura, algum abalo, algum momento de "eu" nesse saber, para que de repente ele se dê conta, para que assim se renove esse saber que ele sabia antes.
>
> Isso é dificilmente notado, no momento em que acontece, mas é o campo da psicanálise que o torna inevitável. Em que consiste o sujeito suposto saber, já que temos a ver com esse tipo de impensável que, no inconsciente, nos situa um saber sem sujeito? Claro, eis aí algo de que também não podemos nos dar conta, se continuamos a considerar que esse sujeito está implicado nesse saber, deixando muito simplesmente escapar tudo o que é a eficiência do recalque, e que só se pode conceber assim: que o significante presente no inconsciente e susceptível de retorno é recalcado precisamente na medida em que ele não implica o sujeito, em que não é mais o que representa um sujeito para outro significante; que é o que se articula a um outro significante sem, entretanto, representar esse sujeito" (Lacan, Sem. 15, lição de 17/01/1968, p. 96).

Tal citação nos parece fundamental para entender o mecanismo do recalque e a estrutura significante que suporta o sujeito.

Há um saber sem sujeito, pois, a função do recalque é justamente esta: desconectar o sujeito da representação rejeitada. Por isso, podemos dizer que há um saber sem sujeito, ou ainda, que há um saber que não se sabe. A análise, ao evocar a transferência, cria um sujeito suposto saber que terá como destino o seu *des-ser*.

No lugar aberto pela queda do sujeito suposto saber o que surge é o objeto *a*. "O objeto pequeno '*a*' é a realização desse tipo de de-ser que atinge o sujeito suposto saber" (Lacan, 1988, p. 97).

O psicanalista é capaz de funcionar nesse lugar de objeto *a* na medida em que ele próprio passou pela experiência de uma análise que o levou a essa posição. Digo posição de objeto *a* e não, ser o objeto *a*. Tal posição foi criada na análise que produziu o analista, possibilitando-lhe se apresentar "como a substância da qual ele é jogo e manipulação no fazer analítico" (Lacan, 1988, p. 97). É por saber da distinção entre fazer e ato que o analista sabe que seu destino é esse *des-ser* que marca a queda do sujeito suposto saber com que ele acenou na transferência.

Há uma passagem no Seminário *O Sinthoma*, livro 23, em que Lacan retoma a questão do analista na posição de objeto *a*, assinalando:

> [...] a partir do *fazer semblant do objeto pequeno a,* ou seja, do que nomeio a propósito do que o homem se coloque no lugar do lixo que ele é – pelo menos aos olhos de um psicanalista, que tem uma boa razão para saber disso, pois ele mesmo se coloca nesse lugar. É preciso passar por esse lixo decidido para, talvez, reencontrar alguma coisa que seja da ordem do real (Lacan, 2007, p. 120).

A tarefa do analista incide sobre um ponto de alienação do sujeito que se apresenta como um "eu não penso".

"Ah! Eu nunca tinha pensado nisso"... ou, "Eu faço sem pensar, quando vejo, já fiz...", ouvimos, muitas vezes, de nossos analisantes.

São falas que apontam para um ponto de alienação mais primitivo, e o ato analítico o faz vacilar. É o que Freud formulou como castração, e que Lacan aborda como uma destituição subjetiva, via pela qual o sujeito se realiza, ou seja, *real-iza*. O jogo de palavras que faz entrever o real demonstra que o sujeito só se realiza enquanto falta, o que é escrito como – φ.

O uso do – φ para escrever a castração é a forma literal para uma escrita capaz de registrar que essa falta existe e que ela é operadora. A castração realiza que o sujeito não é todo, que ele não faz o Um total do gozo, que ele é, por estrutura, um sujeito dividido, barrado, $\not{S}$. Tal divisão é formalizada em termos do número e da letra. O número como repetição do mesmo traço e a letra como repetição de uma mesma perda.

> [...] essa incomensurabilidade, essa relação do pequeno "a"... ao 1, eis onde se joga o que aparece como realização subjetiva ao fim da tarefa analítica. [...] Trata-se, portanto, de uma experiência limitada, de uma experiência lógica... (Lacan, Sem. 15, lição de 17/01/1968, p. 99).

O percurso de uma análise vai do sujeito alienado, ingênuo, do 'eu não penso' à realização da falta que estava lá desde o início. Tal falta, que é o objeto da psicanálise, é que vai tomando a forma matemática. Lacan recorreu, assim, ao número de ouro para formalizar a perda do objeto que está na origem do estatuto do inconsciente.

Para lembrar, o "número de ouro" ou "proporção áurea"

> [...] é uma constante real algébrica irracional denotada pela letra grega Φ (PHI) em homenagem ao escultor Phideas, que a teria utilizado para conceber o Pathernon, e com o valor arredondado a três casas decimais de 1,618. É empregada na arte desde a Antiguidade. [...] É frequente sua utilização nas pinturas renascentistas, como as de Giotto. [...] Esse número, também, está envolvido com a natureza e pode ser encontrado na proporção das conchas do mar, dos ossos, das colmeias, por exemplo. O curioso é que tal proporção é encontrada através do desenvolvimento matemático. (http://pt.wikipedia.org).

$$\frac{O = 1 + \sqrt{5} \approx 1{,}618033089}{2}$$

O analista, na medida em que é capaz de se esvaziar de seu ser, propicia o advir do sujeito sob a forma do objeto pequeno *a*. O que se ressalta aqui é que essa falta não é um órgão. Ora, no *Seminário 11*, Lacan se referiu à libido como um órgão. Portanto, não se trataria de algo da ordem da libido, de um laço libidinal. O que é assinalado é que se trata de uma existência lógica.

> Assim, como é de esperar, está conforme a toda noção de estrutura, a função da alienação que estava no início, e que fazia com que partíssemos do vértice (no alto à esquerda) de um sujeito alienado, encontra-se no fim igual a si mesma, se posso dizer, nesse sentido de que o sujeito que se realizou em sua castração pela via de uma operação lógica, via alienada, remete ao Outro, se descarrega (eis aí a função do analista) desse objeto perdido, donde, na gênese, nós podemos conceber que se origina toda a estrutura. Distinção da alienação do pequeno "a", enquanto vem aqui a separar-se do – φ, que ao fim da análise é idealmente a realização do sujeito; eis o processo de que se trata (Lacan, Sem. 15, lição de 17/01/1968, p. 100).

O caminho percorrido numa análise, conforme designado aqui, segue a direção que vai do sujeito ingênuo – aquele que fala sem saber o que diz, que é, também, o sujeito alienado – à realização da falta. Tal falta, conforme é destacado, não é o que sabemos estar no lugar do 'eu não sou'. Essa falta já estava lá desde sempre, e constitui a essência do homem, ou seja, o desejo. Através de um processo lógico, "essa falta fez um progresso na articulação, em sua função de *organum*, progresso lógico essencialmente, nessa realização da falta fálica, como tal" (Lacan, *idem*, p. 99). A perda se refere ao objeto que funda a estrutura.

A experiência analítica reedita essa perda por meio do de-ser que se opera com a destituição do sujeito suposto saber. "Distinção da alienação do pequeno 'a', enquanto vem aqui a separar-se do – φ, que ao fim da análise é idealmente a realização do sujeito; eis o processo do que se trata" (Lacan, *ibid.*).

Lacan, no Seminário *A angústia*, livro 10, começa a definir o objeto *a* pela sua função de resto:

> De fato, o objeto definido em sua função por seu lugar como *a*, o objeto que funciona como resto da dialética do sujeito com o Outro, ainda está por ser definido em outros níveis do campo do desejo (Lacan, 2005, p. 252).

Ora, se a análise retifica a posição do sujeito perante o seu desejo, é preciso deixar claro o que é o desejo para a psicanálise. É ainda no Seminário *A Angústia* que isso se esclarece:

> O desejo, eu lhes ensino a ligá-lo à função do corte e pô-lo numa certa relação com a função do resto, que sustenta e move o

> desejo, como aprendemos a identificar na função analítica do objeto parcial. Uma outra coisa é a falta a que se liga a satisfação (Lacan, 2005, p. 253).

Distingue-se aqui o desejo como falta e o objeto do desejo, objeto fantasmático. Dependendo da estrutura de borda envolvida nessa operação, fixar-se-ão os pontos de adesividade da libido que servirão de suporte ao desejo: oral, anal, fálico, o olhar e a voz.

Ato 7 - Seminário de Lacan de 24/01/1968

O seminário desse dia começa por meio de um ato que, como veremos mais adiante, terá consequências. Lacan comenta sobre o número de participantes em seu seminário. Tratando-se de um seminário aberto, embora ele se dirija a psicanalistas, muitos dos que ali estão não são psicanalistas. Em um certo momento desse trabalho se faz necessário fazer uma borda, fechar o seminário para tratar de questões que só aqueles que são psicanalistas poderiam participar. A maneira que Lacan encontrada para fazer isso foi marcar um encontro só para convidados. Muitos, assim, estarão excluídos. E qual o critério? Mais adiante, na lição de 24/01/1968, Lacan pedirá aos participantes que forem de sua Escola que elaborem uma pergunta sobre o tema do seminário e lhe envie.

> É aí que é possível para os que são de minha Escola formular questões, e presumimos que possam localizar adequadamente o que enuncio ao longo de uma construção da qual puderam seguir a necessidade de suas diferentes etapas. Tragam-me [...] algo como um testemunho, um testemunho de que são capazes de levar um pouco adiante as inflexões, as coisas que vivem, os gonzos, as portas, a maneira de se servir desse aparelho, na medida em que ele os concerne (Lacan, Sem. 15, lição de 24/01/1968, p. 120).

Fazendo um breve histórico de seu ensino, Lacan mostra que "todo discurso produz atos como efeitos" (p. 112), e que o seu "discurso tem essa dimensão do ato". Insiste na necessidade de fazer uma borda marcando aqueles que seriam os psicanalistas. "O que é o ser da pessoa do psicanalista é, justamente, algo que só se pode apreender realmente em sua demarcação na estrutura" (Lacan, Sem. 15, lição de 24/01/1968, p. 113).

Retomemos o tetraedro, como uma estrutura de borda, para situar o lugar do analista:

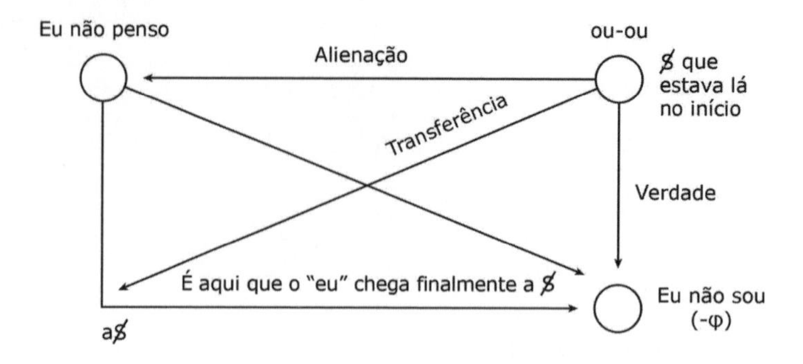

1. O "ou-ou"
2. O "eu não sou – eu não penso"
3. Esse bravo inconsciente; "eu não sou"
4. O "eu não penso" que, apesar de tudo, não é um lugar reservado ao psicanalista.

Para se ocupar daqueles que sofrem por seus pensamentos, é preciso operar de um lugar em que não se pensa; por isso destaca-se esse ponto do "eu não penso", no alto à esquerda, como o de uma escolha forçada, que é a definição que Lacan dá de alienação.

A alienação, que, inicialmente, foi abordada em termos de exploração social ou a exploração do trabalhador, por Marx, foi formulada aqui como uma...

> primeira operação essencial em que se funda o sujeito.[...] A alienação consiste neste *vel* que [...] condena o sujeito a só aparecer nessa divisão que venho, me parece, de articular suficientemente ao dizer que se ele aparece de um lado como sentido, produzido pelo significante, do outro ele aparece como *afânise* (Lacan, 1985, p. 199 – grifos do autor).

O termo *vel* pode ser tomado em três sentidos: um em que se fica na dúvida obsessiva, ou vou para lá ou vou para cá; outro em que vou para um lado ou vou para o outro, tanto faz; e um terceiro – o que nos interessa – que é tomado por Lacan, da lógica simbólica da operação que se chama reunião, na teoria dos conjuntos. O *vel* da alienação só se suporta pela forma lógica da reunião.

> O *vel* da alienação se define por uma escolha cujas propriedades dependem do seguinte: que há, na reunião, um elemento que comporta que, qualquer que seja a escolha que se opere, há por consequência um *nem um, nem outro.* A escolha aí é apenas a de saber se a gente pretende guardar uma das partes, a outra desaparecendo em cada caso.
>
> Ilustremos isto pelo que nos interessa, o ser do sujeito, aquele que está ali sob o sentido. Escolhemos o ser, o sujeito desaparece, ele nos escapa, cai no não senso – escolhemos o sentido, e o sentido só subsiste decepado dessa parte de não senso que é, falando propriamente, o que constitui na realização do sujeito, o inconsciente. Em outros termos, é da natureza desse sentido, tal como ele vem a emergir no campo do Outro, ser, numa grande parte do seu campo, eclipsado pelo desaparecimento do ser induzido pela função mesma do significante (Lacan, 1985, p. 200).

Em A *Direção da Cura...*, texto de 1958, Lacan trata da questão do ser do analista em termos de *falta a ser* respondendo ao que ele mesmo formula a respeito do ser do analista: Como agir com o seu ser? Oferece ao analista o lugar do morto referente ao jogo do *bridge.* Aqui, no *Ato psicanalítico,* ele aborda essa questão do ser do analista por meio do *eu não penso.*

O *eu não penso* foi equivocadamente tratado como resistência do analisante. A resistência é própria da estrutura do discurso. A verdade nunca é dita toda, há algo que resiste, que é impensável, da ordem do real.

> O que resiste, evidentemente, não é o sujeito em análise. O que resiste é, evidentemente, o discurso, e exatamente na medida da escolha em questão. Se ele renuncia à posição do "eu não penso", acabo de lhes dizer, ele é, entretanto, puxado para o polo oposto, que é o do "eu não sou". Ora, o "eu não sou" é, propriamente dizendo, inarticulável (Lacan, Sem. 15, lição de 24/01/1968, p. 114).

Ao definir a posição do analista no lugar do *eu não penso,* Lacan reduz o ser do analista à função de objeto pequeno *a.* Ele não fala mais de *falta a ser,* mas de semblante de *objeto a,* objeto que advém da queda do sujeito suposto saber na experiência da análise daquele que se torna analista.

Sabemos que uma análise tem consequências. Porém, "haveria consequência concebível fora de uma sequência significante?".

O trabalho analítico implica uma sequência significante decorrente da articulação biográfica, mas existe um outro campo formulado por Freud ao se deparar com o limite dessa articulação, que é o campo da repetição abordado em termos de irrupção do real.

Estamos distinguindo o que é do campo da história e o que é da estrutura. Retomamos essa questão por um novo viés. Há um campo que é articulado na análise que concerne à história, à rememoração, à cadeia significante. Assim como certos acontecimentos na vida de cada um têm consequências, a psicanálise é, também, um acontecimento, mas, que funciona como um operador que dará ao analisante recursos específicos para lidar com as consequências da vida. Escandindo a palavra com- sequência, podemos dizer que há um tempo na análise em que não há sequência e sim, ruptura, corte, interrupção da cadeia em que o sujeito se sustenta, abrindo a dimensão que é propriamente a da estrutura.

Tal divisão se escreve: $\mathbb{S}$. Ao analista cabe privilegiar cada vez mais o lado da estrutura deixando em branco uma outra zona que frequentemente é chamado a ocupar – aquela que atende ao lado pessoal de cada um dos parceiros nessa empreitada analítica.

A psicanálise vai influir de forma relevante nas relações humanas, promovendo transformações significativas na história de cada um a partir das mudanças que o ato analítico opera nas posições subjetivas.

Assinalamos: "a psicanálise institui em uma estrutura lógica por algo de totalmente privilegiado, na medida em que ela constitui a conjugação de um ato e um fazer. [...]" (Lacan, Sem. 15, lição de 24/01/1968, p. 119).

Até este ponto do seminário, discorremos sobre duas operações envolvidas no manejo do trabalho analítico: o fazer e o ato; tratados aqui pela vertente da história e da estrutura.

Delimitadas essas duas vertentes, a da história e a da estrutura, introduz-se uma terceira que corresponde à hiância entre o fazer e o ato, o intervalo do qual se ocupa o analista. Isso nos leva à dimensão do gozo.

Essa terceira vertente,

> [...] talvez nos leve à junção da gramática com a lógica – que é... precisamente o ponto em que sempre navegamos, essa lógica que nosso círculo de então chamava, com simpatia, de tentativa de uma lógica elástica. Não estou totalmente de acordo com este termo. A elasticidade não é o que se pode desejar de melhor para um padrão de medida (Lacan, Sem. 15, lição de 24/01/1968, p. 124).

Ato 8 – Seminário de Lacan de 7/02/1968

Estamos destacando o estatuto lógico da existência do psicanalista. No final da lição seguinte veremos que a lógica não é suficiente para dar conta de toda a experiência psicanalítica. Antes de chegarmos ao limite da lógica, vejamos o campo em que ela se aplica.

Ressaltamos que se trata de algo que se instaura pelo próprio discurso e que, na perspectiva da gramática, o psicanalisante está no lugar do sujeito que fala. Ele é aquele que fala e em quem se experimentam os efeitos da palavra. Se nos remetermos ao texto de Aristóteles, especialmente ao "*Organon*" ou ao primeiro livro dos "*Trópicos*", perceberemos como a problemática do sujeito se aproxima do que é tratado ali, considerando que, ao nível desse sujeito, estamos tratando daquilo que se esquiva por excelência.

A lógica tradicional serve para trabalhar o sujeito na sua condição predicativa, que é aquela na qual o sujeito está ligado a uma qualidade, por exemplo: "O homem é bom". A psicanálise trabalha sobre um campo de predicados nos quais o analisante está fixado. Nem sempre o predicativo está tão explícito, será preciso encontrar os pontos de fixação de cada um. A lógica aristotélica, formal, de onde toda a dedução lógica é derivada, parte de uma proposição segundo a qual o sujeito não tem substância. Portanto, o sujeito, para Aristóteles, é um sujeito que não tem substância. Aristóteles falava de *ousia* – substância (a tradução aqui é questionada por Lacan), para dizer que nada da substância pode ser atribuída ao ser. Ora, sabemos que a preocupação de Aristóteles era chegar à essência do ser. A essência, entretanto, não era uma substância palpável. Encontramos na filosofia de Aristóteles as bases para se tocar essa essência vazia.

O sujeito se enuncia de acordo com o conhecido aforismo: "o sujeito é o que um significante representa para um outro significante".

É muito comum pensarmos que o sujeito é da ordem do particular. Quando se fala sujeito, pensa-se em particularidade, em singularidade. De acordo com o que é formulado aqui, só podemos escrever o sujeito do lado do universal e conforme demonstra o esquema de Peirce Charles Sander.

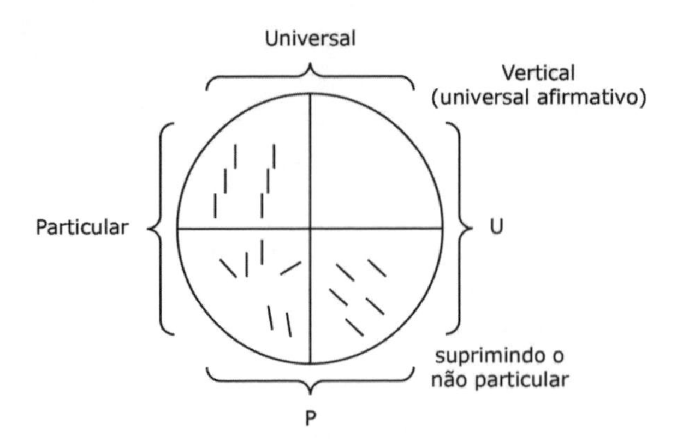

O esquema de Pierce é esse quadrante em que se escreve o campo do universal e o campo do particular. O campo do universal é dividido em dois: de um lado, o universal positivo em que: "todos os traços são verticais". Do outro lado, o universal negativo em que: "não há traços".

No campo do particular, também dividido em dois, temos, de um lado: "alguns traços são verticais, outros não". E do outro lado do particular: "nenhum traço é vertical".

A utilização deste esquema aproxima-se de uma dedução lógica para distinguir o universal e o particular do sujeito.

Levando-se em conta que estamos tratando a questão do estatuto daquele que opera o ato, como num círculo vicioso, um ato produz a subversão do sujeito e a partir disso faz surgir o operador do ato. Assim, não há analista sem analisante, e não há analisante sem analista.

Assinalamos que o estatuto mais verdadeiro do sujeito é "não há traço", que é a posição universal negativa em que não há traço identificatório. Esse é o campo do sujeito da falta, do vazio, da ausência de um traço de identificação.

Na posição universal positiva, "só existem traços verticais", ou, segundo a referida formulação, só existem traços identificatórios. Na estrutura de cada sujeito, há traços e há, também, um outro campo, onde não há traço. Os traços são sempre iguais. Não se está levando em conta o predicativo; não se está levando em conta o conteúdo desse traço; são apenas traços. Desse modo, tanto a universal positiva quanto a universal negativa se aplicam ao sujeito do qual falamos aqui. Sendo que, o estatuto mais verdadeiro para a fórmula psicanalítica da castração simbólica é o lado do universal negativo, o ponto do vazio, onde não há traço.

Lacan usa, no *Seminário 11*, um outro esquema para falar disso que são os círculos de Euler:

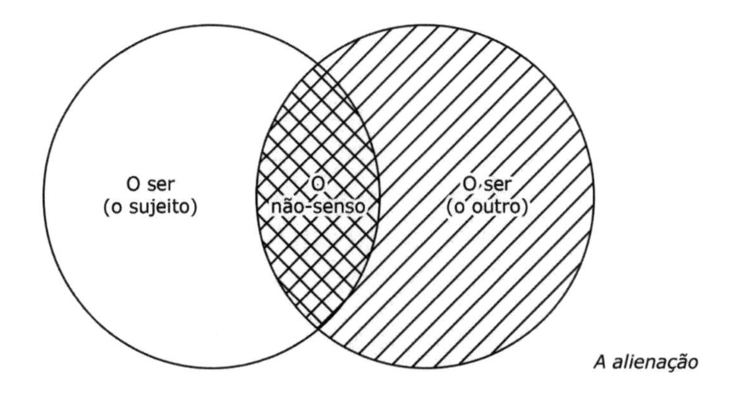

A alienação

Tais círculos também são tirados da matemática e Lacan os usa para trabalhar a mesma questão – a estrutura do sujeito dividido: o lado vazio: "não há traços", e o outro lado: "há só traços verticais".

A figura do oito interior também pode ser aplicada com relação a isso.

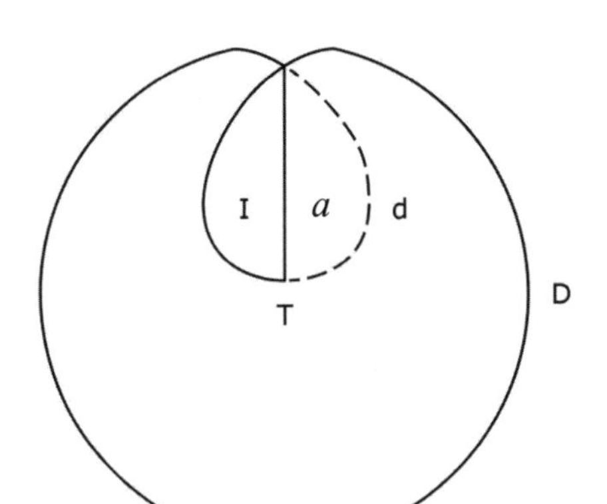

D: linha da demanda.

I: linha da interseção "identificação".

T: ponto da transferência.

d: desejo.

Os esquemas e gráficos de Lacan têm uma lógica. Na figura do oito interior existe o vazio da estrutura. À esquerda, o traço identificatório que é o traço unário [I], e à direita, o *a*, em que "não há traço".

O ponto a ser ressaltado nesses esquemas diz respeito à operação de reunião segundo a qual a afirmativa universal e a negativa universal não se contradizem, as duas são verdadeiras. O que é importante ressaltar é que o sujeito que a psicanálise formula pode funcionar como *falta a ser*, ou seja, como *não sendo*.

Esta questão é universal. Por causa disso, a teoria psicanalítica pode ser aplicada a qualquer sujeito. Podemos destacar que "do ponto de vista da estrutura, o universal encontra seu fundamento no sujeito enquanto ele só pode ser representado por uma ausência" (Lacan, Sem. 15, lição de 7/02/1968, p. 134). Esse sujeito pode ser encontrado na filosofia de Aristóteles em sua busca da essência do ser. A essência é isso, um campo em que o sujeito se constitui por traços identificatórios e um campo no qual não há traços. Esse é que é o sujeito sem substância, do qual se fez a paródia posterior do sujeito suposto saber (SsS).

SsS sujeito suposto saber

SsS sujeito sem substância

O sujeito suposto saber é um sujeito sem substância, por isso, ele está fadado a cair.

Às voltas com as formulações que definem o ser do analista e aquele que está em análise, a tradução "analisante" seria mais indicada, porque analisante é aquele que está a trabalho; trabalho este que terá de ser feito na análise. Assim, analisante é uma tradução mais adequada do que analisando, porque implica aquele que faz uma tarefa. É o trabalho do analisante que vai possibilitar que uma análise produza um analista. O analista é, portanto, o produto de uma análise, e o que é o analisante?

A resposta se formula pela via daquilo que em suas formulações posteriores Lacan definirá como "escolha forçada", paradoxo de um imperativo ao qual o analisante tem que lidar com algo que escapa e toma forma num discurso ao qual ele acaba por se entregar.

Lacan chamou de *abdicação*. Por que abdicação? Porque o sujeito abdica de sua posição, de sua própria escolha, deixando-se levar por esse outro discurso. A *abdicação* implica em ceder de um lugar de poder e entregar-se a alguma outra coisa à qual se rende. Existem pessoas que não conseguem fazer isso em análise, elas se mantêm muito armadas. Uma alternativa para desarmá-las é o convite para deitar-se no divã. Tal posição propicia uma certa entrega.

Considerando que a passagem de analisante a analista se opera pela via do objeto *a*, a *abdicação* já implica na queda do objeto *a*. "Deixar cair é se entregar a essa causa". Isto é mais do que a associação livre. Ao se deixar cair o *a* entra-se no deslizamento da cadeia significante tornando-se um analisante. Há um *a* que faz causa.

Podemos dizer que a tarefa analítica produz o objeto a, que será o operador do fazer do analista, ou seja, da conjunção entre fazer e ato.

Passemos à questão que está em pauta aqui neste ponto do Seminário: Como o psicanalisante pode passar a psicanalista?

Do lado do psicanalisante, como já foi dito, destacam-se operações como a de alienação num discurso e a de abdicação que implica num se deixar levar por esse discurso e aos seus efeitos. Entre estes efeitos, destaca-se a produção do objeto *a*.

Portanto, se o trabalho do psicanalisante produz o objeto a e é deste lugar que o analista opera, podemos adiantar que o trabalho da psicanálise produz o analista. De onde se conclui que não há psicanalista sem psicanalisante. É o que marca o trabalho que está na própria origem da psicanálise que terá como, está sendo formulado por Lacan, o psicanalista no lugar da produção – um produto da psicanálise. Não se pode esquecer que foram as histéricas que ensinaram a Freud a técnica da associação livre, e que o primeiro analista – o de Freud – foi Fliess, um médico otorrino cuja escuta não era propriamente a que definiria a escuta psicanalítica, mas que, entretanto, ocupou um lugar que propiciou a autoanálise de Freud. A partir daí, a história da psicanálise confirma o que Lacan afirma aqui: "não há psicanalista sem psicanalisante para sustentá-los nesse lugar.

Repetindo, o psicanalista se define no nível da produção, que não é outra coisa senão a do objeto *a*. Da posição de *a*, o analista pode fazer girar os discursos produzindo, por sua vez, o psicanalisante.

O analista já está lá na história do analisante. O analista já está lá como semblante de objeto *a* que se ata à fantasia do sujeito. Ele já está lá como esse furo, essa moldura de onde o sujeito se torna ator de sua história.

O lugar do *já lá* é o que apresenta Velásquez no quadro *As Meninas*, que é exatamente o de um objeto *a*, nesse caso, o olhar.

> O analista já está lá na história do sujeito, como que encarnando qualquer uma das quatro formas topológicas do objeto *a*, a saber, um de seus quatro lugares habitado pelas pulsões do sujeito que estruturam as teorias sexuais infantis (Porge, 2009, p. 161).

É no Seminário *A Angústia*, livro 10, que Lacan destacou a dimensão real do objeto *a*, anteriormente abordado em sua conotação imaginária. Tal perspectiva que destaca o estatuto real do objeto *a* inaugura uma nova direção, que atravessará suas formulações e se tornará cada vez mais pontual no final de seu ensino. As consequências disso se estenderão não somente às formulações teóricas como também à clínica psicanalítica pela subversão decorrente disso com relação ao manejo da transferência, à interpretação e ao ato psicanalítico.

Apoiando-nos nessas considerações sobre o estatuto real do objeto *a*, o conceito de ato psicanalítico pode ser abordado como uma operação que toca o real da estrutura.

O que se ressalta ao concluir esta lição é que o analista não está totalmente na posição de objeto *a*. Há *Um* que sabe o que vai se passar, incluindo aí a queda do objeto e a destituição do sujeito suposto saber. Há saber e não, conhecimento.

Alienação e mais-valia

Partindo da tese demonstrada aqui, de que o analista é o produto de uma psicanálise, a ênfase recai no termo alienação, a ser retomada mais além do sentido da exploração econômica salientada por Marx a respeito do capitalismo.

Se partimos da ideia de que o produto do trabalho do trabalhador é que sustenta o capitalismo, e se o produto da análise é o analista, que relação haveria aí, entre essas duas produções? Podemos adiantar que já se esboça aqui a noção da mais-valia, que servirá de base para o desenvolvimento do conceito de objeto *a*, em sua vertente de *mais-de-gozar*. Tal elaboração será desenvolvida, por Lacan, no seu seminário seguinte, *De um Outro ao outro*, livro 16, e no *O Avesso da Psicanálise*, livro 17.

Segundo a teoria dos discursos formulada no Seminário *O Avesso da Psicanálise, no* discurso do mestre o que está no lugar da produção é o *a*. Ao deitar-se no divã e começar a falar, o analisante faz o significante mestre deslizar metonimicamente por meio da associação livre, que não é, como sabemos, tão livre assim, uma vez que é determinada pelos significantes aos quais o sujeito se faz representar. O produto desse deslizamento é o *a* que cai a cada giro dos discursos. Neste tempo do trabalho analítico o *a* não é causa, e sim, *mais-de-gozar*.

Destaca-se a questão da alienação na medida em que o *a* é produzido, no trabalho analítico, como "*mais-de-gozar*" por meio do sofrimento e do envolvimento intenso do analisante no decorrer do trabalho analítico.

Se nos anteciparmos à conceituação dos quatro discursos, que só serão formalizados no seminário seguinte, *O Avesso da Psicanálise*, livro 17, veremos que há uma seta que indica a direção dos giros dos discursos no sentido do relógio. Na medida em que vão girando, o *a* se desloca à esquerda, o $\$$ sobe, o S1 se desloca para direita, e o S2 desce, e nós temos então o Discurso da Histérica.

$$\frac{\$}{a} \rightarrow \frac{S1}{S2}$$ Discurso da Histérica

Lacan faz um longo comentário sobre o discurso da histérica na lição de 21/02/1968, destacando a grande importância da histérica na produção do objeto *a*, na medida em que a histérica é aquela que põe o *a* no lugar da verdade.

Se Freud passou a vida inteira perguntando o que quer uma mulher, e, por isso mesmo, produziu um psicanalista, Lacan nos possibilita saber o que quer uma histérica:

> No nível da histérica, em todo caso, é perfeitamente verdadeiro. O que esse psicanalista se torna no final da análise, se é verdade que ele se reduz a esse objeto "*a*", é o que quer a histérica. Compreende-se por que a histérica se cura de tudo na psicanálise, menos de sua histeria (LACAN, Sem. 15, lição de 21/02/68, p. 154).

Portanto, o que uma histérica quer é extrair o objeto *a*. É fazer surgir o objeto *a*. É por isso que ela fura o mestre, para destituí-lo de seu lugar de mestre. Estamos falando do discurso da histérica que coloca o *a* produzido pelo discurso do mestre no lugar da verdade. A histérica é aquela que aponta para a verdade, porém, esse lugar da verdade é ocupado pelo próprio *a*.

Ela está sempre apontando para um "mais além". Uma análise não chegaria a um final se permanecesse no discurso da histérica, pois nunca encontraria um ponto que fizesse um basta no deslizamento infinito, haveria sempre uma outra coisa. O que está no lugar da verdade é o *a*, vazio deixado pelo objeto perdido e, paradoxalmente, nunca tido. A verdade, nesse caso, é a falta que desliza, o desejo insatisfeito da histérica. Assim, ela goza no saber que demanda sobre o seu próprio ser. O que está no lugar da produção, no discurso da histérica, é esse saber. O *a* é sempre esse "mais além", próprio da insatisfação da histérica. A histérica aponta para o vazio, porque o objeto que ela demanda não existe, nenhum objeto a satisfaz. Por isso ela é responsável (quando digo ela, não estou falando das histéricas, estou falando do discurso da histérica) pela produção do analista no final da análise, pois é este discurso que destitui o analista do lugar de sujeito suposto saber, fazendo-o surgir como suporte de objeto *a*. É ela ainda, a histérica, que, em sua eterna queixa, dirá: "Você não me dá o que eu preciso".

Continuando o giro dos discursos, o *a*, no Discurso do Analista, irá para a posição de agente

$$\frac{a}{S2} \rightarrow \frac{\$}{S1} \quad \text{Discurso do Analista}$$

Podemos notar que o *a*, primeiro é "*mais-de-gozar*", no discurso do mestre, depois ele "cai no vazio", no discurso da histérica, e no discurso do analista, ele entra como "causa", no lugar do agente.

Tais giros dos discursos constituem o próprio trabalho da psicanálise. O objeto *a* é sempre o lugar vazio, independentemente da posição que ocupa nos discursos, na medida em que seu estatuto é de objeto perdido. Porque o objeto *a* circula, há possibilidade de giro, como no jogo infantil "do falta um", cujo buraco no centro possibilita a mudança das peças.

Insistimos na fórmula: "o *a* é que possibilita o giro dos discursos". Tal giro constitui o trabalho de transferência (*transfer*). Com o giro dos discursos vai havendo transferência de posição de cada termo. Assim, a transferência é o giro dos elementos nos discursos.

O amor

A elaboração freudiana parte do amor de transferência. Para Freud a transferência é, num só tempo, o motor e a resistência da análise. A articulação de Lacan parte de Freud, que privilegia a questão do amor de transferência, e enfatiza que o amor é o objeto *a* revestido por uma imagem.

$$a \rightarrow i(a)$$

O amor é o que recobre o objeto *a*, o qual se presta a receber as mais diversas vestimentas. Em determinado momento, o analisante pode fazer de seu analista uma dessas vestimentas e estabelecer uma relação amorosa, o amor de transferência. A questão do gostar ou do odiar tem a ver com as vestimentas do objeto *a*. Uma das características do objeto *a* é ser o alvo para acolher uma vestimenta. É como se o analista fosse um cabide esperando uma roupa a ser pendurada.

Ser psicanalista, na posição de *a*, é estar ali para acolher a vestimenta que o analisante lhe reveste. O trabalho analítico acontecerá nessa alternância de vestir e desvestir o objeto.

Para que esse circuito gire é preciso que alguma coisa o faça girar; e essa alguma coisa, num primeiro momento é um ato de fé. Ou se acredita ou não se acredita, isso é um ato de fé. É um ato de fé, também, porque não tem nada de palpável. O que faz com que o sujeito se ponha a falar e se aliene numa cadeia sem mesmo saber aonde vai chegar?

Os discursos e o mais-de-gozar

No final da lição de 7/02/1968, a noção do objeto *a* é retomada como *mais- de-gozar*, articulando-o à noção de "mais-valia" em Marx. O *mais-de-gozar*, no discurso do mestre, corresponde à mais-valia na doutrina marxista. É o trabalho a mais que o sujeito faz para o senhor. O neurótico trabalha a mais para o senhor que é o seu sintoma.

A produção do *mais-de-gozar*, no mundo de hoje, toma forma no discurso do capitalista. Como o assunto é atual, vale falarmos um pouco sobre isso. O discurso do capitalista é o quinto discurso proposto por Lacan, numa conferência em Milão, em 1972. Tal conferência aconteceu já no final de seu ensino. O discurso do capitalista não segue a vetorização dos outros quatro discursos; não faz o giro. Trata-se de uma distorção do discurso do mestre que passa a apresentar-se segundo o matema abaixo:

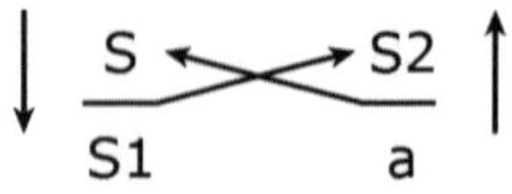

$$\downarrow \frac{S}{S1} \quad \frac{S2}{a} \uparrow$$

Discurso do Capitalista

Ao invés do vetor fazer girar, faz-se uma inversão. Por isso as setas estão colocadas em direções diferentes dos demais discursos. Se os discursos são formas de se bordejar o real e dar conta do vazio e do impossível do gozo, o discurso do capitalista é a forma de elidir a castração, e não uma forma de contornar o vazio. O discurso do capitalista não inclui o vazio, ao contrário, é um discurso para tamponar o vazio da castração. No lugar do "mais-de-gozar" não está um objeto, enquanto vazio, estão os *gadgets*, ou seja: objetos que não têm nenhuma utilidade, que passam a ocupar esse lugar, e se tornam objetos de necessidade das pessoas que os consomem como se não pudessem viver sem eles.

Notem que o mestre [S1] ficou no lugar da verdade, como se dissesse "não tem sentido mesmo, então vamos gozar de qualquer jeito, qualquer coisa é válida". O S1, como imperativo do puro sem sentido, estando no lugar da verdade, fica como um imperativo de gozo: Compre! Esse é o ideal de gozo do mundo capitalista. O discurso capitalista surge a partir da Reforma protestante. Até então a Igreja Católica pregava e defendia a pobreza como um valor. Quanto maior o sofrimento, maior a chance de gozar do reino do Céu. A Igreja Católica dignifica a pobreza como uma virtude; com a Reforma e o Calvinismo a riqueza passa a ser um valor, e não mais um pecado. Ser rico não é mais ser pecador. Não é à toa que os países protestantes são bem mais desenvolvidos do que os católicos. O trabalho adquiriu um lugar paradoxal de libertação e alienação. Não se pode deixar de se lembrar da frase escrita no portal de entrada do campo de concentração de Dachau: "O trabalho liberta" –"*Arbeit macht frei*".

A questão do trabalho é destacada por Freud com relação ao final de análise ao apontar para esta direção: "trabalhar e amar". O trabalho perpassa a psicanálise em muitos de seus conceitos: como o trabalho de transferência, o trabalho dos sonhos, o trabalho do luto, o *Arbeit* freudiano está presente como inerente à própria experiência psicanalítica, caracterizando-se por duas operações: alienação e separação. A alienação, aqui, entretanto, deve ser tomada numa perspectiva lógica: "Trata-se do *vel* da primeira operação essencial em que se funda o sujeito". A alienação no significante condena o sujeito a só aparecer dividido:

> Escolhemos o ser, o sujeito desaparece, ele nos escapa, cai no não senso – escolhemos o sentido, e o sentido só subsiste decepado dessa parte de não senso que é, falando propriamente, o que constitui na realização do sujeito, o inconsciente (Lacan, 1985, p. 200).

Voltemos ao discurso do capitalista e constataremos a ocorrência de uma recusa da castração. A estrutura é a mesma do fetiche em Freud. O que ocorre no fetiche? A criança vê a ausência do pênis na mãe, vislumbra a castração, mas fixa a sua atenção num outro lugar, no pé, no umbigo, no seio, no olho, em qualquer outra parte do corpo que é eleita, a partir daí, como objeto de fetiche, elidindo, assim, a parte faltosa. Assim também acontece no discurso do capitalista com relação à castração – as pessoas se fixam nos pequenos objetos. A moda, por exemplo, é um tipo de resposta que vem do real. A perda do objeto é utilizada pela moda, e se torna alguma coisa em que o "sair de moda" é "cair uma roupagem do objeto" para se criar uma nova moda. A moda passa a ser alguma coisa que é uma resposta do real a cada queda do objeto. A ênfase não está na queda, está na outra moda do próximo ano.

A astúcia do discurso do capitalista antecipa os excessos que presenciamos num mundo em que as pessoas se arrebentam para obter as coisas. É uma cultura de gozo.

A psicanálise oferece a possibilidade de se colocar numa outra posição subjetiva capaz de nos separar desse gozo. Separar desse gozo é fazer barreira ao gozo e poder ter um espaço reservado de escolha. Ou seja, instituir um campo no qual um pequeno intervalo é suficiente para não ser consumido pelo gozo.

O instrumento de operação do analista, que aciona o giro dos discursos, é que promove a separação instaurando a estrutura que permite ao sujeito advir.

Retomando o quadrante de Pierce, contatamos que:

Há traços identificatórios de um lado e não há traços no outro lado da estrutura. Esse "não há traços" é o lugar da falta. A existência de um lugar vazio na estrutura faz o discurso girar, como já foi dito. O elemento que representa esse vazio é o objeto *a*, que na divisão do sujeito é o que resta, é o que não tem traço identificatório, que não tem uma resposta. Traços identificatórios são os objetos investidos libidinalmente que são introjetados. O outro campo onde não há traço é o lugar do *a*. O sujeito da psicanálise não está nem só de um lado, nem só do outro, ele está na interseção entre dois campos; está na báscula entre um e outro lado da estrutura, conforme o matema da fantasia: $\not{S}$ <>a

Isso é apropriado para o sujeito em sua subjetividade; mas, ainda, é uma lógica predicativa. Quando digo "a casa é vazia", ainda é um predicado porque, mesmo vazia, há uma casa ali. O quadrante de Pierce, portanto, é válido para a lógica predicativa, porém, para a questão do real não é suficiente. A função do sujeito suposto saber, que é, também, uma construção lógica, é construída para dar conta do que não existe. A lógica é um dos elementos para se abordar o sujeito do inconsciente, porém, repetindo, insuficiente para se lidar com o campo no real.

Ato 9 – Seminário de Lacan de 21/02/1968

Esta lição começa com um comentário sobre uma revista que foi lançada naqueles dias em St. Germain des Prés.

> Encontrar aqui um meio de reanimar a publicação psicanalítica. Adota-se, para contribuir com isso, o princípio do não assinado: uma equipe vai encarregar-se de abrir esse caminho. É essa aposta na formalização teórica que torna concebível esse passo: antecipar, talvez, seu estabelecimento, mas também tornar *démodé* certo estilo de reverências que não têm mais razão de ser. Menos ênfase na autoridade. Mais segurança para evocar o pessoal na prática e, especialmente, "o traço do caso" (LACAN, "quarta capa de Scilicet", 1968).

A revista, como já foi dito, tinha a característica de ter seus textos não assinados. Tal acontecimento produziu efeitos. Havia pessoas a favor e pessoas contra esse procedimento. Os que eram contra falavam que a revista estava tratando os colaboradores como empregados. Trata-se da questão da função do anonimato; mas, vai além disso. Isso tem a ver com uma outra questão, que é a do ser do analista. Ao se escrever um texto, a operação que está em jogo é da ordem do deixar cair o objeto. Fazê-lo sem a assinatura é a pura queda do objeto. O que estamos trabalhando nesses capítulos é a dificuldade de suportar essa destituição. Uma destituição até do próprio nome. Os textos sem as assinaturas constituem uma prova de que nós, enquanto pessoas, não damos conta de suportar tal destituição.

Esse exemplo demonstra que o ser do analista passa por uma des-subjetivação, por um des-ser, por uma dessuposição do lugar do saber.

O ser do analista tem que passar por uma destituição subjetiva para promover a passagem de analisante a analista

O anonimato, como nos textos sem a assinatura do autor, toca no lugar do analista, que, ao se apagar como sujeito, se posiciona no lugar de objeto *a*. O anonimato tem a ver com isso: deixar sua palavra cair sem o seu nome.

Há um livro cujo título é *Alô! Lacan?* - É claro que não! - que ilustra o que estamos dizendo de uma forma jocosa. É cheio de curiosidades a respeito do estilo particular de ser de Lacan, ou melhor, de não ser Lacan. O próprio título é uma típica resposta sua ao atender o telefone: "*Alô, Lacan? É claro que não!*" - eu não sou Lacan. Essas peculiaridades do "fazer" de Lacan davam ao seu ensino não só a dimensão da palavra, mas também a do sentir no real do acontecimento. Isso hoje pode soar como piada, mas naquele tempo em que a psicanálise se encontrava obsessivizada pela repetição dogmática dos conceitos freudianos, esses "atos" de Lacan provocavam efeitos de surpresa e espanto, às vezes de revolta, mas, o importante é que promoviam um corte no discurso instituído.

Um verdadeiro texto para ter um valor literário, um valor de obra, precisa cair como um objeto, como uma obra de arte; diversamente de textos que exigem um exercício de pensar, copiar, reescrever. Quando o autor põe alguma coisa de fundamental, escreve com a fluidez própria do processo de criação; o texto cai como um objeto. Para Roland Barthes a escrita

> não é uma questão de "forma" (menos ainda de "formalismo"), mas de pulsão: existe possibilidade de vanguarda toda vez que é o corpo que escreve, e não a ideologia (Barthes, 2004, p. 271).

Barthes, contemporâneo de Lacan, faz uma distinção entre o escritor e o escrevente. Para esse autor,

> [...] A escrita... é um tipo de prática graças à qual dissolvemos os imaginários de nossa linguagem. Constituímo-nos em sujeitos psicanalíticos ao escrever. Procedemos sobre nós mesmos a um tipo de análise, e a relação nesse momento entre o sujeito e o objeto é inteiramente deslocado, *superado* (Barthes, 2004, p. 231, grifo do autor).

Vista por esta perspectiva, a escrita é um ato que se opera como efeito da queda do objeto a, aquilo que cai como um resto de corpo.

Nesse sentido, a pintura, escultura, composições musicais, a poesia, enfim, tudo aquilo que se pode considerar arte, se opera pela queda do objeto a, podendo ser definido como ato de criação. Numa entrevista dada à televisão, o compositor brasileiro Edu Lobo, ao falar de suas composições musicais, diz que não é ele que as faz, são seus dedos, ao fazer deslizar as teclas do piano ou as cordas de um violão. Quando Miró foi ameaçado pela ditadura de Franco de não poder mais pintar, reagiu dizendo: "Eliminem as tintas, destruam os pincéis, as telas, eu continuarei pintando através das baforadas do meu charuto".

O ato analítico é a criação do analista e o que se cria, numa análise, como efeito desse ato é o sujeito. Portanto, o sujeito se cria como consequência lógica do ato psicanalítico.

Para que haja análise é preciso que haja um analista e isso implica a passagem do analisante a analista, no *des-ser*, no deixar de ser, deixar de ser Lacan, Maria ou João para ser um ser esvaziado, objeto *a*, objeto descartável. É isso o que sobra do trabalho de *des-subjetivação*; é esse o lugar a que o analista tem de chegar para poder operar o ato analítico.

Tal passagem é formulada aqui como *consagração*, fazendo uma analogia com o momento de consagração na Missa Católica, momento em que o padre toma o pão e o vinho e, repetindo um ritual religioso, faz-se a transmutação do pão e do vinho em corpo e sangue de Jesus. A consagração é a transformação da matéria, da substância, em algo de outra ordem. Transpondo para o campo da psicanálise, é a operação pela qual o corpo do analista, sua subjetividade, seus sentimentos, perdem a substância e se instaura uma outra dimensão como efeito da passagem de analisante a analista, posição em que não há substância.

A transmutação é o ato que promove tal passagem. Nesse sentido, o analista deixa de ser sujeito para se tornar um simples *a*. Essa *consagração* é que promove a passagem do sujeito ao objeto *a*, que será a causa de todo o trabalho analítico. Operando desse lugar de objeto *a*, o analista põe o inconsciente a trabalho. Por isso, o *a* está no lugar de agente no discurso do analista.

$$\frac{a}{S2} \rightarrow \frac{\$}{S1} \quad \text{Discurso do Analista}$$

A experiência de castração

O analista, operando do lugar de *a*, vai levar uma análise ao que ela tem como meta, a experiência de castração, que implica a passagem do *A* ao *a*, ao separar o *a* do *i(a);* ou seja, extrair o *a* de suas vestimentas.

A castração separa o que é da ordem do falo e o que é da ordem do objeto *a*. São duas dimensões nas quais o trabalho analítico se constitui. O $-\varphi$ é o lugar da falta do falo, onde o falo pode faltar. Não se assinar o próprio texto, por exemplo, implica em suportar a ausência do falo, que seria o $-\varphi$, da castração. Onde deveria aparecer a marca fálica, a inscrição na ordem do falo, que é o nome, é o $-\varphi$ que aparece. Assim, retirando-se a marca fálica, o texto fica como um objeto qualquer, que pode ser de qualquer um.

Operar desse lugar é sempre da ordem de um salto. O ato do analista porta essa dimensão. A intervenção do analista sai como algo que se solta e que surpreende o próprio analista. Não se trata de um salto impulsivo, e sim de um certo cálculo, que implica o saber do inconsciente.

Um exemplo da clínica

Trata-se de um analisante cujo sobrenome era de uma família tradicional de políticos e bastante conhecida em sua cidade. Ele carregava esse sobrenome como um troféu. Isso lhe parecia suficiente para lhe assegurar um lugar no campo do Outro. Entretanto, o sobrenome que lhe era motivo de orgulho, também era a causa de sua imobilidade na vida; como se não precisasse fazer nada para ser alguém, já o era.

Numa de suas sessões, a analista, como num "ato falho", troca seu nome, chamando-o de Zé. Isto o deixou enfurecido e a analista um tanto embaraçada. Na sessão seguinte ele retoma o assunto e a analista sustenta seu "ato", que já não via como um ato falho, mas como um ato destitutivo que atingia seu analisante exatamente naquilo que lhe era mais caro: seu nome.

Muita coisa é feita para dissimular o salto operado por meio de seu ato, e que muitas vezes o analista recobre tal passagem com uma passarela ou uma ponte para não dar o salto; para poder cercar-se de algumas garantias. Os analistas, às vezes, com temor das consequências, deixam de dar ao seu ato essa dimensão de corte.

Na consagração, só pode haver a transmutação do pão em corpo e do vinho em sangue de Jesus, porque houve, anteriormente, alguma coisa que essa consagração está, de alguma forma, trazendo de volta – o fenômeno da *ressurreição*. Quando os apóstolos foram buscar o corpo de Cristo, após sua morte, o corpo não estava lá. Nesse momento Cristo deixa de ser um homem para se tornar uma divindade. Portanto, segundo o que conta as *Sagradas Escrituras*, é porque houve a ressurreição no passado que pode haver a consagração no presente.

Só há sujeito suposto saber porque existe recalque, um saber que não se sabe; algo que nunca se saberá o que é, mas que está lá, em algum lugar, no sentido topológico. É isso que segura a estrutura. O ato de fé implica em um saber inconsciente que sustenta esse trabalho. Lacan liga também o *SsS* [sujeito suposto saber] ao Espírito Santo. No texto *Televisão*, ele ressalta que o Espírito Santo é uma instância análoga ao *SsS* [sujeito suposto saber]. Na religião, aqueles mistérios aos quais não se consegue responder são atribuídos ao Espírito Santo, como a virgindade de Nossa Senhora, que deu à luz Jesus por obra e graça do Divino Espírito Santo. Os mistérios e os enigmas da religião são delegados ao Espírito Santo.

Análise finita e infinita

Toda análise é finita porque supõe a queda do *a*. A análise é finita no sentido do conjunto finito da matemática.

Não é tudo que entra nesse conjunto. Não é toda interpretação que "pega". O que entra nesse conjunto é o que toca num ponto da estrutura. Por isso é que se pode dizer de um conjunto finito, pois a interpretação não vai a todos os sentidos.

Como se constata, se opera uma mudança na questão freudiana de *Análise Terminável e Interminável*, passando a nomear a análise de finita e infinita; não no sentido de uma análise que termina, e sim porque ela é finita. Ela é um conjunto finito. Cada um de nós tem uma série de significantes, os significantes mestres, que comandam todas as cadeias. Não se sai disso. Há um tempo, entretanto, em que é preciso saber o que está em causa, ou seja, a causa do desejo de cada um.

O trabalho analítico se realiza por meio de giros que dão voltas à medida que o analisante vai dando voz às suas "coisas". A cada volta há perda de gozo decorrente pode ser comparada com o trabalho da reprodução celular, a *meiose*: "A expulsão dos glóbulos polares na meiose, dito de outra forma, isto do que se desembaraçam as células sexuais, em sua maturação. [...] A castração é justamente isso: é o resultado, a célula reduzida de alguma forma" (LACAN, Sem. 15, lição de 21/02/1968, p. 155).

Redução estrutural

A redução estrutural leva ao traço que está presente em todas as células. A castração simbólica, também, pode ser entendida como chegar ao estatuto de traço. Tal traço, que está presente em toda a cadeia significante, é da ordem do traço unário. O traço é o que se pode saber disso sem saber, porque não é um saber formulado metaforicamente. É um saber que é apreendido apenas por uma construção lógica. É um traço vestido que, ao perder sua vestimenta, resta o *a*.

O traço unário aparece porque o *a* cai deixando em seu rastro o traço do objeto perdido, que fará causa de desejo. Por isso, as interpretações não vão em todos os sentidos. Só tem efeito aquilo que toca no traço; como na vida, só se é capturado pelo que tiver o traço de seu objeto. O que não tiver o seu traço não faz causa de desejo.

Essa redução estrutural pode ser comparada, como já foi dito, com a redução celular em que na meiose da célula mãe ocorre a divisão em gametas masculino e feminino, *Y* ou *X*, assim como a estrutura psíquica reduzida se torna *I* ou *a*.

I *a* (traço unário e objeto *a*)

Y *X* (masc. ou fem.)

Forçando a comparação, podemos dizer que a mulher estaria no lugar do *a* e o homem no lugar do traço, ou seja, do *I*. Ao operar essa redução estrutural constatamos que é no *a* que o feminino encontra guarida, enquanto o *I*, traço unário, núcleo do Ideal do Eu, é suporte para o campo fálico da estrutura. Estamos às voltas com um saber que não se sabe, daí Lacan fazer uma relação disso com o ocultismo. Há algo oculto, escondido, que nunca alcançará a consciência. Por isso, a psicanálise é vista, algumas vezes, como tendo um certo parentesco com as ciências ocultas, que diversamente tomaram outro rumo – a vertente do misticismo. A psicanálise, por outro lado, tomou o rumo do mítico (o mito individual do neurótico).

> Ao substituir o termo "fantasma" por "mito" em 1953, Lacan dá destaque à estrutura histórica e familiar na qual se inscreve o fantasma do sujeito, [...]. E ele faz essa ligação, aliás, de uma forma que antecipa a questão da relação do verdadeiro ao real – o real como impossível –, enunciando que o mito se situa no ponto de impossibilidade, em que a verdade não pode mais dar conta dela mesma (Porge, 2009, p. 61).

Estamos falando do salto e do que vem fazer suplência nesse ponto oculto da estrutura, do vazio, do recalque primário, enfim, são muitos os nomes para cercar esse ponto fundamental da estrutura psíquica do sujeito do inconsciente. Isso também tem a ver com o passe, que, além de ser realizado, deve ser formalizado teoricamente.

O que se destaca a respeito da análise finita é que ela é finita até o ponto em que se suporta que não há mais nada a saber. O analista vai sendo destituído do lugar do saber. Ao assinalar que não há sujeito sem objeto, estamos nos referindo ao objeto descartável, rejeitado da operação analítica.

> [...] o analista não é todo objeto, no término, ele é apenas esse objeto rejeitado, e é precisamente aí que jaz não sei que mistério que, em suma, contém (...) o que se estabelece no nível da relação humana... (Lacan, Sem. 15, lição de 21/02/1968, p. 148).

O analista é definido como sendo esse objeto rejeitado, mas que comporta também um outro lado, o humano, que vir acompanhado do sentimento de *gratidão*. Se o analista não se presta a ser resto da operação analítica, não se dá o finito da análise. Tal operação não se dá sem a transferência ao Sujeito suposto Saber, que funciona como um terceiro elemento, na estrutura, responsável pela operação simbólica.

Após uma sessão de hipnose, uma histérica se lança nos braços de Freud como um objeto. Freud comenta: "não sou tão irresistível a esse ponto, ela me toma por um outro". A analisanda do caso estava no sono hipnótico, portanto, alienada no Outro. Ao acordar, cai como um objeto, do lugar da alienação imaginária ao outro da relação especular. O que cai é o *a* que se lança como se Freud fosse a causa de desejo. Ao despertar do sono hipnótico e se deparar com o vazio, ela cai nos braços de Freud agarrando-se ao objeto do amor de transferência.

Amor de transferência

O amor é uma vertente da transferência, uma via disponível para se elidir a castração. É o amor de transferência que mantém o sujeito agarrado ao analista como ao objeto causa. Ela não sabe que ele é apenas um semblante. Ao despertar da hipnose, ao sair do eixo aa' do imaginário, com o que se depara é o real. No caso da paciente de Freud, ela se agarra ao objeto Freud. Ele está ali como uma metáfora, ela se agarra em Freud como poderia se agarrar a qualquer coisa. Freud sabia disso, tanto que ele diz: "Ela me toma por um outro, eu não sou tão irresistível assim".

Na queda do *a*, seja como efeito da saída de um sono hipnótico, seja da saída da alienação nos sintomas ou no fantasma, o que aparece é a sua vestimenta, em decorrência da perda daquilo que o envolvia. O amor é uma forma de vestir o *a*. Por isso, a verdade do desejo vem pela dimensão da mentira. Quando Freud diz "ela me toma por um outro, não sou tão irresistível assim", ele está dizendo que a verdade do desejo vem pela dimensão da mentira. Vem sempre por meio de uma outra coisa que reveste o *a*: *i(a)*, uma "mentira", uma imagem do objeto.

Ao se aproximar de Eros e iluminar seu rosto com a lamparina, Psique vê Eros desaparecer; não era para ser visto. Eros se apresenta com o rosto tampado.

Parodiando a indagação freudiana "o que quer uma mulher", uma outra pergunta: o que quer uma histérica?

Freud descobre a psicanálise a partir do tratamento das histéricas, pois, desde o início eram elas que apontavam para o que quer uma mulher. Lacan responde: "A mulher, nós não sabemos o que ela quer, mas a histérica quer o *a*. Ela quer fazer com que o objeto caia" (LACAN, lição, data, p. ???). Assim, para se chegar ao discurso do analista temos que começar pelo discurso da histérica. O discurso da histérica é que fura o mestre. O giro se dá na sequência: discurso do mestre, discurso da histérica e o discurso do analista. É o discurso da histérica que destitui o mestre e produz o discurso do analista. Isso levou Lacan a dizer que pode-se curar a histérica de tudo, menos de sua histeria, porque ela vai continuar furando. Freud, não conseguindo responder ao quer uma mulher, vai encontrar uma resposta naquilo que ele acabou fazendo, isto é, criando o psicanalista. Do psicanalista, tal como da mulher, não se consegue provar a sua existência

São campos que não se consegue provar a existência. Estão localizados no mesmo lugar topológico. É preciso *um ato de fé* para se acreditar em sua existência. Daí, o termo ex-sistência para designar um lugar fora do campo das representações.

A subjetivação está no lado fálico da estrutura, ao nível da qual temos que deixar cair o objeto a. Podemos fazer uma comparação com o mito da criação no *Gênesis*: a criação da mulher a partir de uma costela de Adão, a partir do objeto *a*, de um pedaço de Adão, daquilo que sobra, que pode ser tirado, que não vai fazer falta. Deus tira um pedaço do homem, até porque o homem não pode ser todo, e desse pedacinho faz a mulher. O homem perde algo fálico que a mulher procura. Para a mulher é mais difícil se inscrever na ordem do falo; e ao se inscrever, ela, também, precisa perder a sua *falicidade* para ser mulher. Esse *a,* que cai da costela de Adão, vai se apresentar no real naquele que é chamado a ser o parceiro sexual. O parceiro sexual porta o *a* que acarreta a atração. O objeto *a* é a parte real do fantasma; objeto que está na fantasia e que vai sustentar o desejo: $\not{S} <>a$

A fantasia será a mediadora entre os parceiros. A relação com o parceiro sexual não é com a pessoa, e sim com o objeto da fantasia, mediadora entre o eu e o objeto. Daí o aforismo: a relação sexual não existe. A relação é com o *a* da fantasia do qual o parceiro é semblante.

A relação mãe e filho é mais complicada, pois nem sempre é uma relação mediada pela fantasia. Uma mãe pode tomar o filho como um objeto real de sua existência, não havendo uma fantasia mediadora entre eles. Com relação ao sexo, alguma coisa sempre se mantém de fora, manca, insatisfatória, porque o outro só porta o *a,* mas não o é. É por isso que depois do sexo pode ocorrer a queda, o sono, o cigarro, o tédio, enfim, qualquer coisa que possa recobrir essa falta. Esse lado que fica faltando é o que se define como o gozo feminino; gozo a mais, suplementar, além do falo..

O desejo para Freud é masculino porque, segundo ele, a libido é masculina. Lacan não qualifica a libido nem de masculina nem feminina.

O gozo masculino se reduz principalmente ao nível do Édipo. Na análise, o trabalho do Édipo é, sobretudo, o que se pode saber da sexualidade, através dos objetos que se buscam. Isso tem a ver com o campo do falo. Tudo isso tem a ver com esse campo onde está o Pai, a Mãe, a Criança e o falo. O fantasma se instala no campo do real e constitui o tempo da análise do Édipo. Só se pode construir o fantasma a partir da estrutura edipiana; por isso, o fantasma porta uma significação fálica e é o instrumento para se relacionar com o mundo.

A travessia do fantasma, o mais além do fantasma, é que leva ao gozo feminino, que está mais além da estrutura edipiana. O mais além não é o mais adiantado, e sim o mais primitivo. Melanie Klein percebeu essa verdade ao ressaltar os níveis pré-genitais e pré-edipianos. É nos primórdios da experiência pré-edipiana que se busca o âmago da causa do desejo, que não está no Édipo, está mais além. O Édipo é o que dá a moldura ao desejo, que dá a diretriz de como se vai gozar. O Édipo fornece as normas do gozo. Mas, o desejo surge num mais além do Édipo, ou seja, antes do Édipo, naquilo que Melanie Klein chamou de "fases pré-genitais. Por isso, o sujeito suposto saber só se sustenta até a análise do Édipo, até a construção do fantasma. Atravessar o fantasma implica em se deparar com o silêncio do analista, com a destituição do sujeito suposto saber, com a impossibilidade de se saber toda a verdade, constatando-se que a fantasia é só uma fantasia.

Vamos chegando ao final desta lição seguindo o que é dito a respeito da lógica. Estudar lógica não facilita essa relação. A lógica é um instrumento e não se enquadra completamente na psicanálise. Há um ponto cego em que a lógica formal aristotélica não dá conta: o campo do real.

Ora, se estamos falando do real, incluímos aí questões como a do ser da mulher, de Deus e do psicanalista. A lógica, por meio dos quantificadores lógicos, nos permite dizer: existe um psicanalista ($\exists x$).

Quantificador é um termo que recobre toda ação humana traduzindo-a em termos de mensuração e contagem, servindo de base para a matemática e a ciência.

Como exemplo de quantificadores temos: para todo, para algum, não todos, bastante, nenhum. Na lógica dos predicados distinguimos os universais ($\forall$) e os existenciais ($\ni$), que se lê: para todo e existe um.

Há uma lógica do significante que recobre o campo fálico e a lógica do *não- todo* que abrange o campo do feminino.

Ato 10 - Seminário de Lacan de 28/02/1968

Esta lição começa com uma exposição feita por Jacques Nassif, uma espécie de ata do seminário anterior de Lacan, *A Lógica da Fantasia*, ocorrido no ano anterior. Nassif se denomina, aqui, um escriba, na medida em que escreve sobre o que foi dito por Lacan, organizando sua fala de tal forma que privilegia sua trama lógica, indicando a orientação do discurso de Lacan.

A trama lógica não significa tomar a lógica no sentido metafórico, como, por exemplo, no sentido de "isso tem lógica, tem sentido". Trata-se da lógica tomada no sentido da ciência logística ou matemática. É uma lógica que tem a ver com a teoria dos conjuntos.

Ao tomar a trama lógica pela teoria dos conjuntos, segundo a matemática ou a logística, marcamos a diferença entre o uso da ciência e o uso que a psicanálise vai fazer disso. A ciência matemática e a lógica não levam em conta o Sujeito suposto Saber (*SsS*). Na psicanálise, esse Sujeito suposto Saber (*SsS*) não só é levado em conta, como, também, é questionado. Uma tese científica não é considerada certa ou errada *a priori*; ela tem que ser defendida, demonstrada e comprovada. Uma tese científica sustenta-se como uma verdade até ser desbancada por outra verdade científica. Quando o cientista começa a ser professor, ele se torna representante de uma tese que se propõe como verdade. Nesse sentido, Lacan enuncia: "eu não sou um professor justamente porque coloco em questão o sujeito suposto saber" (Lacan, Sem. 15, lição de 28/02/1968, p. 168). O professor é um representante desse saber suposto, por isso, ele não o questiona. Sua função não é questionar um saber instituído e sim, transmitir uma verdade. Por ele não ser um professor, o ensino de Lacan provoca sempre um certo mal-estar por questionar o saber instituído. A própria releitura que Lacan faz de Freud, é uma revisão que questiona o próprio Freud.

A apresentação de Nassif é uma explanação do que foi trabalhado por Lacan em *A Lógica da Fantasia*.

> Creio que, se o seminário do ano passado se intitula "lógica da fantasia", é porque ele tenta produzir uma nova negação que permita entender e situar a fórmula de Freud "o inconsciente não conhece a contradição". Essa fórmula... faz parte de um preconceito relativo às relações do pensar ao real, que levava Freud a acreditar justamente que o que ele articulava devia ser situado como uma cena aquém de toda a articulação lógica. Ora, a lógica à qual Freud se refere, para dizer que o pensamento não aplica suas leis, funda-se em um esquema de adaptação à realidade. É por isso que é necessário abalar esse termo "contradição", e é o que levou Lacan a esta outra fórmula: "Não há ato sexual", o que necessita que uma nova negação seja produzida, seja confrontada com a repetição, para nos fornecer um conceito de ato (NASSIF, Sem. 15, lição de 28/02/1968, p. 171).

Nassif vai dividir sua explanação em sete itens, começando pela negação.

1. Negação

A tese proposta é que existiriam dois níveis de negação:

- Um primeiro, que nós conhecemos do próprio Freud, no texto *A negativa*. Se alguém falasse "Não é a minha mãe", Freud diria: – "Ah, se ele está dizendo que não é, isso significa que a mãe está ali presente como uma representação". É o tipo de negação que aparece na entrada do sujeito no discurso analítico. Tal negação faz o discurso deslizar, faz o sujeito entrar na associação livre.
- Há uma outra negação, que surge num outro tempo do trabalho analítico, que é *o desconhecimento*. Essa segunda negação está presente na estrutura fantasmática. A alienação na fantasia implica um desconhecimento, no sentido de um não querer saber da castração, de um não querer saber da falta que a fantasia recobre.

A negação que ocorre no primeiro tempo é própria do discurso. À medida que o analisante fala constata-se que sua fala gira em torno do mesmo tema. Dessa forma, o vazio da castração é bordejado e a fala cumpre a função de recobri-lo. Entretanto, a palavra não é suficiente para dar conta do buraco da castração; é comum, num segundo tempo, o surgimento de *acting-out*, de atuações na análise. É nesse segundo tempo que surge a segunda negação, em que a ameaça de castração faz com que o sujeito se agarre à teia fantasmática.

A fórmula lacaniana 'não há relação sexual' não significa que não haja cópula, e, sim, que o que permeia a relação entre os sexos é a fantasia.

A primeira negação, no sentido de *denegação*, é a *Verneinung* freudiana e a segunda negação, a do desconhecimento, vai ser formulada por Lacan em *A* Lógica da Fantasia. Essa segunda negação se distingue da primeira quanto à instauração do sujeito como referente da falta; ou seja, na primeira, a falta aparece no discurso. O sujeito pode advir como efeito desse deslizamento de sentido dado pela associação livre, mas o fato de estar num discurso, deslizando metonimicamente, não quer dizer que ali esteja se constituindo um sujeito. No seminário anterior, a *Lógica da Fantasia*, Lacan sustenta que o sujeito advém da segunda denegação.

A primeira negação é uma forma de subjetivação em que o sujeito vai se articulando numa cadeia significante, mas não é propriamente uma constituição de sujeito. Essa primeira negação será redobrada na segunda. Em alguns lugares do texto, Lacan fala não de duas denegações, mas de duas faltas, uma falta que recobre a outra. A primeira negação é operada no nível do simbólico, que é uma função do Sujeito suposto Saber (SsS). A segunda negação remete à falta sob a forma do objeto *a*. Uma das formas que o objeto *a* toma é no fantasma ($\not{S}$ $< >$ a). O objeto *a* pode se apresentar de várias formas, por ser aquele que cai e que leva o sujeito a se deparar com a castração. A queda do objeto *a* pode se dar, por exemplo, por meio de um *acting-out* ou de uma passagem ao ato. O sujeito pode produzir um fenômeno psicossomático, que é uma maneira de o *a* tomar corpo e não cair, ou, ainda, pode se manifestar como angústia. É o momento em que a castração é tocada pela iminência da queda do objeto *a*, podendo tomar corpo exatamente para negar a castração. Entre todas as formas que o objeto *a* se apresenta, a fantasia é a mais comum na estrutura neurótica; é a forma viável de se chegar ao processo final.

A segunda negação é da ordem da *Verleugung*, que é um mecanismo da perversão, da recusa da castração. O fantasma é perverso, porque existe uma *Verleugung*, uma recusa da castração nesse segundo momento. É essa recusa que cria o objeto de fetiche, o fantasma, ou a paixão, para que o sujeito não tenha que se haver com a castração. Nassif assinala, ainda, que, para surgir esse segundo tempo, essa segunda negação, é preciso que durante o primeiro tempo se efetue uma escrita. Com isso o Sr. Nassif introduz o segundo item que é a lógica e a escrita. Portanto, podemos entender o que se define aqui como primeira negação como uma operação da ordem da escrita que dá suporte à segunda negação.

2. A lógica e a escrita

Falamos de duas negações, uma da ordem da *Verneinung* e outra da ordem da *Verleugung*. Para se chegar ao segundo tempo, é preciso que no primeiro se tenha feito uma escrita. Sem essa escrita, do primeiro tempo, não se consegue entrar no segundo tempo, o do fantasma. No primeiro tempo da negação, o sujeito se articula na cadeia de sua história por meio do trabalho de rememoração e subjetivação. Tal trabalho é da ordem de uma escrita. É a escrita do *eu* da repetição, o que não para de se escrever; "[...] a escrita é a colocação em ato desta repetição que busca precisamente repetir o que escapa" (Nassif, Sem. 15, lição de 28/02/1968, p. 173). Por mais que se fale, alguma coisa estará sempre escapando. Repete-se na tentativa de apreender o que escapa. Cabe ao analista, em determinado momento, barrar essa repetição.

Assim, há o que não para de se escrever e o que não para de não se escrever, que não se escreve nunca, que escapa. A escrita é da ordem do possível, o que é possível escrever da verdade do sujeito. E, no segundo tempo, há a categoria do impossível, do que escapa, impossível de se escrever. O que falta é a marca primeira que não poderia se redobrar e que desliza fora de alcance. Por mais que se fale, há a marca da falta, do objeto perdido primordial, que é da ordem do impossível.

A lógica da escrita não é matemática, é uma lógica gramatical. A lógica matemática vai servir para o segundo tempo da negação, onde não há palavras. Portanto, no primeiro tempo há palavras.

O que está sendo formulado aqui é o sujeito [Eu] que advém por meio da repetição:

> O sujeito é, com efeito, a raiz da função de repetição em Freud, e a escrita, a colocação em ato desta repetição que busca precisamente repetir o que escapa, ou seja, a marca primeira que não poderia se redobrar e que desliza necessariamente fora de alcance. Esse conceito de escrita permite, com efeito, ver o que está em questão em uma lógica da fantasia, que estaria em um nível mais de princípio que toda lógica susceptível de fundar uma teoria dos conjuntos (Nassif, *Idem*).

Constata-se que o que escapa se contabilizará como um traço unário.

O exemplo citado aqui é uma cena do filme *Nunca aos Domingos*, de Jules Dassin, ao qual já fizemos referência no início deste livro, em que há uma cena de uma dança grega e, ao mesmo tempo em que pratos são lançados ao chão, uma caixa registradora contabiliza a queda, marcando-a em cifras. Cada *a* que cai tem um preço, e é registrado. Não é como se caísse apenas uma folha de árvore. Esse registro, da primeira negação, vai se contabilizando e fazendo surgir o Eu, o *Je*, definido como sujeito. Isso se articula ao conceito de verdade. Onde estaria a verdade? Naquilo que se escreve ou naquilo que não se escreve? Qual é a verdade do sujeito? É aquilo que não para de se escrever ou é aquilo que não para de não se escrever? Com essas questões em aberto, entramos no terceiro item.

3. Lógica e verdade

O traço unário é uma marca; cada vez que o objeto *a* cai, o sujeito se separa daquilo que ele está falando. O traço unário é o que se marca nessa separação. Cada vez que há uma separação, faz-se uma marca da falta. Mas não é uma falta qualquer, é uma falta marcada num certo contexto, que quer dizer, "eu sou mais do que essa fala, eu sou aquilo que não para de se não se escrever". Tal marca traz uma certa peculiaridade do sujeito, porque o que cai, não cai do mesmo jeito para todas as pessoas.

No lugar onde falta uma palavra há uma significação, um sentido ou um traço que diz respeito a alguma coisa inconsciente. Para que a verdade apareça é preciso que algo caia: a vestimenta do *a*. Tal verdade passa a ser marcada de um outro jeito. A verdade do sujeito já estava lá, como se pode constatar num "só depois", conforme rege a temporalidade própria da psicanálise – *nachträglich*. A verdade é da ordem do traço unário. Este traço unário é tudo o que se pode saber da verdade do sujeito. Só se pode saber algo a respeito dessa verdade por meio da lógica da matemática. Por exemplo, toda vez que se tira alguma coisa de um lugar, aquilo que foi retirado deixa o lugar vago mostrando que havia algo lá. A relação com a verdade se faz pela via do objeto faltoso.

Se nos referenciarmos pela lógica gramatical cairemos nas categorias do que é falso ou verdadeiro. Essa não é a lógica que serve para a psicanálise. Freud já havia nos alertado com relação a isso ao manifestar sua decepção: "não acredito mais em minha neurótica", inaugurando as bases de uma teoria cuja verdade tem estrutura de ficção, cuja realidade é fantasmática.

Lacan introduziu um terceiro tipo de negação que não se aplica a essas duas categorias, do falso ou do verdadeiro, que ele chama de *pas sans* (não sem).

No Seminário *A Angústia*, livro 10, Lacan já havia assinalado que "a angústia não é sem objeto", portanto, o *pas sans* aponta para a proposição lógica que pode se formular como: "não há homem sem mulher, não há noite sem dia, não há verdadeiro sem falso". Pela lógica clássica dizemos que algo é falso ou é verdadeiro. Aqui, não há verdadeiro sem o falso.

Transpondo para o campo da psicanálise, um campo fundamentalmente de falta, podemos dizer, segundo tal lógica, que não há falta sem que algo tivesse existido antes, para poder faltar. Essa dimensão lógica nos conduz à questão da verdade na psicanálise. Podemos entender, por meio dessa lógica do *não sem*, como se opera a associação livre na experiência psicanalítica, que não é tão livre assim, pois sua direção aponta para a verdade de cada um, que se faz presente na repetição.

> O essencial, portanto, não é tanto saber se um acontecimento teve lugar realmente ou não, mas descobrir como o sujeito pode articulá-lo em significante, quer dizer, verificando a cena por um sintoma, onde isto não seria sem (*pas sans*) aquilo,e onde a verdade faz parceria com a lógica. Nesse ponto, seria possível fazer a ponte entre a lógica e a verdade, graças ao conceito de repetição que está um pouco subjacente a essas duas partes, o que levaria de pronto a uma tematização do ato (Nassif, Sem. 15, lição de 28/02/1968, p. 175).

Não haverá um sujeito sem sua forma de se escrever. Não há um sujeito sem o seu próprio sintoma, que constitui sua forma de se escrever no campo do Outro. Isso vai se esclarecendo nas últimas elaborações de Lacan, apresentadas pelo discurso do Sr. Nassif. A forma como o analisante se escreve, como ele se articula no discurso, nos permite marcar a peculiaridade desse sujeito, seu sintoma. A partir disso, podemos indagar: Onde situar o sintoma na estrutura?

Esta é a questão que Lacan se faz em seu segundo *Discurso de Roma*, em 1974, intitulado: *A terceira*.

Nesse texto, Lacan destaca a dimensão do real no sintoma: "chamo de sintoma aquilo que vem do real", diz ele. E acrescenta: "O sentido do sintoma, é o real" (Lacan, 1981, p. 11-12).

No seminário que estamos trabalhando, *O Ato Psicanalítico*, livro 17, Lacan nos aponta os instrumentos para se operar com as diferentes dimensões do sintoma.

> Para o sintoma que aflora no nível do simbólico, efetua-se a articulação na cadeia significante a partir do trabalho de transferência operado pela função do Sujeito suposto Saber. Este trabalho vai efetuando a escrita, por meio do sintoma, que não cessa de se escrever. Lacan define o instrumento para se operar com essa escrita, de lógica gramatical (Rodrigues, 2007, p. 173).

No entanto, há algo no sintoma que resiste, que não cessa de não se escrever, apontando para o real.

Neste tempo de seu ensino, Lacan ainda está elaborando a construção fantasmática como instrumento para se bordejar o real. Mais tarde centralizará sua formalização no sintoma em sua função de amarração e destacará a impossibilidade de uma redução radical do sintoma.

A respeito do tempo da fantasia, retomamos o texto freudiano.

Em *Bate-se numa criança* há um primeiro tempo: "Meu pai espanca uma criança que eu odeio", depois, um segundo tempo: "Meu pai me espanca" e um terceiro tempo: "Uma criança é espancada". É no segundo tempo que há um movimento em direção ao *eu*, é o momento em que o *eu* está implicado na fantasia. Pois, a fantasia é uma frase onde o sujeito não está implicado. Na fantasia o sujeito está como objeto. Ao se reconhecer na fantasia é que o sujeito se articula na frase, ou seja, na cadeia significante. Isto aparece na gramática, a qual Freud chegou: "Meu pai bate em mim". A fantasia, que vai aparecer no segundo momento da negação, já foi, de alguma forma, sendo traçada no primeiro tempo. Ela não está sendo desenvolvida agora, ela está sendo marcada.

Lacan faz objeção a Freud ao dizer que em sua maneira de proceder, ele encontra sempre um significado para fazer a ponte entre dois significantes, ele se contenta em responder que as linhas de associação vão se encontrando em pontos que delineiam, o que constitui, para nós, a estrutura de uma rede. Freud nos mostra que as linhas de associação se cruzam sempre da mesma forma. Ele percebeu que a fala do analisando voltava sempre ao mesmo ponto que amarra a rede, o ponto de repetição. A ênfase não é dada ao que se fala, mas ao ponto de repetição que tal fala conduz. Repete-se sempre o mesmo modo como o sujeito articula um significante para outro significante. O trabalho analítico implica num saber como cada um amarra um significante ao outro, o seu sintoma. O sintoma é o nó. No final da análise o sintoma é o quarto termo do nó borromeu.

A cura, numa análise, viria por acréscimo, enquanto a mudança aconteceria por acidente. Depara-se com o incurável; o sujeito não se cura do seu sintoma. O sintoma, no final da análise, é o nó borromeu porque esse tipo de nó se solta. Não importa que depois ele se amarre novamente, mas sim, que volta a se soltar. Percebe-se então que esse é o jeito de cada um se articular na cadeia. O importante é aprender a se soltar.

A cura, nesse sentido, não é o mais importante na psicanálise. Podemos dizer que não existe cura, porque há um sintoma que é incurável, o que se consegue fazer é se soltar e criar novos sintomas, que terão sempre a mesma marca, que é a marca do sujeito, o jeito de cada um se amarrar na vida. Notamos que esse jeito de se amarrar não é da ordem do simbólico, porque não aparece no conteúdo da cadeia significante, e sim, na forma do se enodar. É naquilo que cai e volta a fazer laço. Tal jeito não é falado, não está escrito, não é metaforizado nem é representado. É pela repetição dos traços, pelo estilo que nós podemos nomeá-lo. Por isso as análises requerem um certo tempo, no sentido cronológico.

Estamos falando da lógica do *pas sans*, "não sem": não há isto sem aquilo, não há sujeito sem o seu sintoma; sem a sua forma peculiar de se enodar na cadeia. É aí, então, que a verdade faz parceria com a lógica. A ênfase está no vazio, porque quando o sujeito cai, ele cai no vazio. É o analista que tem que marcar essa queda para que se faça traço. Podemos dizer que esse traço já estava lá, *a posteriori*, mas se não houver um analista para marcar, o traço não se faz. É o analista que faz a marcação do traço. E aquilo que era uma simples queda, torna-se traço unário.

Voltando à lógica do «não sem», destaca-se que esta é uma forma de fazer surgir, na análise, a dimensão do vazio. É um vazio de representação. O estatuto da verdade é o vazio, que será sempre o mesmo. Cada analista tem seu jeito, seu estilo de fazer borda em torno desse vazio evocando os significantes que cada transferência suscita.

Resumindo, no primeiro tempo da negação temos uma alienação, e no segundo tempo teremos outro tipo de alienação. Enquanto a primeira diz respeito à alienação na cadeia significante, a segunda é a alienação num ponto de falta, ponto fora da linha, naquilo que cai. Esta segunda alienação é a alienação no sintoma. Como o sintoma não é escrito, ele é marcado pela repetição da queda; assim, é uma a alienação no real.

Se há uma aderência inabalável em algum ponto, a estrutura deve ser questionada. Quando não se pode largar é porque não há ou não foi criado, na análise, o lugar de sustentação. O fantasma é o último ponto, ainda no campo do Outro, em que se pode sustentar, mas há que se ir mais além.

4. Modelo vazio da alienação: S(A̸)

A alienação no vazio é o lugar da castração, lugar de A barrado (A̸), o que pode ser dito também de outras formas: falta um significante no campo do Outro, o Outro não existe. Cabe ao sujeito alienar-se num ponto de falta, que é o ponto de castração.

Isso será desenvolvido por meio da fórmula de Morgan, que foi quem formulou a lógica do *pas sans*, que é a seguinte:

"Não (a e b) equivale a não *a* e não *b*".

Nassif escreve:

"Não (eu penso e eu sou) equivale a eu não penso e eu não sou".

Vejamos como operar com essa lógica na clínica psicanalítica. Ao se colocar um assento no *não*, ao mesmo tempo se barra e se escreve. Esta é a lógica da interpretação e da intervenção analítica, ao mesmo tempo sutil, mas importante para se marcar a segunda negação. É uma maneira de intervir na atuação fantasmática sem cair na escrita, sem cair na lógica gramatical, metafórica.

A lógica do ato

Vamos usar um exemplo clínico para tentar entender:

Uma mulher jovem procura a análise após uma experiência analítica em que ocorreu um envolvimento amoroso com o analista anterior. Claro, tinha sido um desastre. Ela só repetia: "não, eu não quis isso". Ela passou por outro analista, após essa ocorrência, que insistiu na interpretação de seu desejo inconsciente. Se o analista interpreta que ela queria sim, que este seria o seu desejo inconsciente, ele acaba fixando-a na posição de objeto da qual ela tentava se desprender ao insistir: "não, eu não quis isso". Ela repetia isso com muita frequência. Era importante escutar. Se tomarmos pela via da lógica exposta aqui: "não, eu não sou eu não penso", podemos dizer: "Não// eu não//quis isso" escandindo de várias formas este não! O não da jovem analisante, ao mesmo tempo que a incluía na frase, a retirava do lugar de objeto em que caíra. Ela estava, de alguma forma, tentando uma separação disso. Na atuação ela era objeto de sua própria fantasia amorosa. A frase "Não, eu não quis isso" era uma tentativa de barrar: "eu não, eu não sou, eu não sou esse objeto que eu desejo em minha fantasia".

Não! eu quis isso

Não// eu *não*// quis isso

Chega // [eu não sou] // [eu não penso]

"Onde o Isso era o sujeito deve advir", só que, neste caso clínico do qual me servi para esclarecer melhor essa operação lógica, adveio o envolvimento com o analista, numa atuação fantasmática, e não a queda do objeto, própria da operação analítica.

Escandir a frase "Não // eu não // quis isso" produz os intervalos que instauram a alienação no vazio. A partir disso o analisante poderá reconhecer sua participação no envolvimento, porém, para isso, ele tem que estar fora, separado, lugar em que poderá se haver com seu desejo.

A negação que nos fornece um modelo vazio é, como foi assinalado aqui, induzida pela sexualidade. Isso nos introduz no próximo item.

5. Forclusão e denegação

Nassif assinala que a sexualidade opera no sentido de defender-se da verdade de que não há Outro. E complementa:

> É que este modelo se apoia, com efeito, sobre esta verdade do objeto pequeno *a* que deve, em definitivo, ser referida à castração, já que o *falus,* como seu signo, representa justamente a possibilidade exemplar de falta de objeto (NASSIF, Sem. 15, lição de 28/02/1968, p. 178).

Nassif indica duas formas de se elidir a castração: a sexualidade e a filosofia. Respectivamente a denegação, como recusa da castração e a foraclusão.

A filosofia teria a função de preservar o Outro enquanto não afetado pela marca da castração. É ao que Nassif se refere como foraclusão da marca do grande Outro. Se o efeito do ato é a passagem do *A* ao *a*, a filosofia forclui esse *a*, enquanto, na sexualidade perversa polimorfa, o *a* é identificado como objeto do gozo. Essa é a tese trabalhada por Lacan em *Kant com Sade*. Ora, se não há Outro, tanto uma como a outra posição são insustentáveis. Na filosofia, o casal homem-mulher seria positivado, enquanto na perversão, o objeto *a* e o *A* é que o seriam. São duas maneiras paralelas de recusar o ato sexual, ora pensando-o como real e impossível, ora como possível e irreal. Resta uma terceira forma que é a da passagem ao ato. Tal salto não nos permite sair da alienação num polo ou no outro, anteriormente referidos, e sim, articulá-los mais rigorosamente.

6. A gramática ou a lógica

O Outro barrado se traduz consequentemente em um sujeito barrado. "A não reunião, no Outro, do 'eu penso' e do 'eu sou' se traduz simplesmente em uma disjunção entre dois não sujeitos: 'eu não penso ou eu não sou'" (NASSIF, Sem. 15, lição de 28/02/1968, p. 180).

A proposta aqui é continuar no modelo vazio que permite operar com as duas negações, a do Outro e a do Sujeito, e articular as disjunções entre lógica e gramática.

Se chegamos à conclusão de que falta um significante no campo do Outro, S(Ⱥ), chegamos ao limite do que pode ser representado por palavras encadeadas numa estrutura gramatical. A fantasia é a última barreira a se chegar antes de se deparar com a falta radical. A fantasia é ainda uma estrutura gramatical, da qual o sujeito enquanto (*je*) está excluído.

No lugar onde não há sujeito, onde "eu não sou", é que a lógica aparece "toda pura", como não gramática,

> e que o sujeito se aliena outra vez em um *pensa-coisa*, o que Freud articula sob a forma de representação de coisas, da qual o inconsciente, que tem por característica tratar as palavras como coisas, é constituído (Nassif, Sem. 15, lição de 28/02/1968, p. 181 - grifo nosso).

O que se pode concluir a partir da elaboração freudiana sobre os sonhos é que

> o estatuto que resta aos pensamentos do inconsciente é o de ser coisas. Estas coisas, entretanto, se encontram e são tomadas em um eu lógico que constitui a função da devolução, que se lê através das defasagens com relação ao eu gramatical, justamente, e é para isso que serve esse eu gramatical, da mesma forma que o *rébus* se lê e se articula com relação a uma língua já constituída. Em todo o caso, é sobre esse eu não gramatical que se apoia o psicanalista cada vez que ele faz funcionar qualquer coisa como *Bedeutung*, fazendo como se as representações pertencessem às próprias coisas, e fazendo surgir assim esses buracos no eu do "eu não sou" onde se manifesta o que diz respeito ao objeto pequeno *a*. Pois, em definitivo, o que toda a lógica da fantasia vem a suprir, é a inadequação do pensamento ao sexo ou a impossibilidade de uma subjetivação do sexo. Esta é a verdade do "eu não sou" (Nassif, Sem. 15, lição de 28/02/1968, p. 182).

Esta é a fórmula lacaniana da castração freudiana: a impossibilidade da relação.

A partir do conceito freudiano de repetição, *Wiederholungzwang*, podemos pensar o conceito de sujeito como produto de uma gramática e enquanto ausência referida pela lógica. Isso implica numa temporalidade lógica que o conceito de ato nos permite cernir.

7. A alienação e o ato

> É na medida em que o objeto pequeno *a* pode ser pensado como real, quer dizer, como coisa, que a relação do sujeito à temporalidade pode ser elucidada, precisamente através das relações

> da repetição com o traço unário. Ficamos então no elemento de uma lógica onde temporalidade e traço se juntam em uma tentativa de estruturar a falta, sob a forma de uma arqueologia onde repetição e deslocamento se sucedem (Nassif, Sem. 15, lição de 28/02/1968, p. 183).

Como se pode ver, "a repetição enquanto engendra o sujeito como efeito de corte ou como efeito do significante, está ligada à queda inelutável do objeto pequeno a [...]" (Nassif, Sem. 15, lição de 28/02/1968, p. 185).

Ora, se o ato se apresenta como um corte, é na medida em que sua incidência sobre a superfície topológica do sujeito modifica sua estrutura ou a deixa idêntica. Há uma ligação estrutural entre o ato e o registro da *Verleugnung*. A passagem ao ato com relação à repetição seria um efeito dessa *Verleugnung* confessada, enquanto o *acting out* seria uma *Verleugnung* denegada.

Nassif termina sua exposição assinalando que tudo o que foi dito vem confirmar que a fórmula freudiana "o inconsciente não conhece contradição" é idêntica à fórmula lacaniana "não há relação sexual".

Após esta breve exposição do resumo de Jacques Nassif retomemos o fio da lição de 28/02/1968.

O termo nova negação é inserido no que será chamado de dupla negação. O uso da negação na lógica constituiu um passo, uma virada importante na introdução do que se chama quantificadores. Não se trata de quantidades e sim, da função da dupla negação. De que se trata essa dupla negação? Não se refere a uma simples afirmação. Isso, como é dito aqui, já está presente na lógica aristotélica ao nos mostrar que há uma outra posição do universal e do particular que se apresenta pelo uso de uma negação ou que o particular pode ser definido como um 'não todo'.

Como estamos tratando do ato analítico e, especialmente, daquele que opera esse ato, utilizamos os operadores lógicos para questionar o ser do analista. Todo homem não é psicanalista? Todo homem é não psicanalista?

Como se vê, o que é introduzido aqui é o 'não todos' (*pas tous*). Isso nos conduz ao campo psicanalítico por meio da função da partícula *ne* da gramática francesa.

Aplicando essas funções lógicas ao campo psicanalítico, Lacan orienta sua formulação na direção dos enunciados: ou bem, não todos são psicanalistas ou bem não há nenhum que seja psicanalista. Ora, estamos girando ao redor da fórmula freudiana "o inconsciente não conhece a contradição". e da sua analogia com a fórmula lacaniana "não há relação sexual". Falar da existência do psicanalista não se reduz a dizer é ou não é psicanalista. É preciso um terceiro tempo para se definir o psicanalista.

Ato 11 – Seminário de Lacan de 6/03/1968

Prosseguimos abordando os quantificadores lógicos como instrumento de formalização do sujeito do inconsciente, o que, pela lógica formal, apresenta seus impasses.

Na lição anterior, a apresentação de Nassif da ata do seminário anterior, *A Lógica da Fantasia*, destacou a lógica gramatical, que serve para predicar o lado fálico da estrutura, ou seja, aquilo que se escreve na cadeia de significantes e a lógica matemática, quando se trata do campo para além da linguagem, para aquilo que não se escreve na cadeia significante. Tal divisão, entretanto, é apenas para fins didáticos, pois o discurso do analista opera num entre-dois, indo ao encontro do que foi formulado por Freud como uma das propriedades do inconsciente, que é o princípio da não contradição e a fórmula lacaniana a "relação sexual não existe".

Diante da impossibilidade de se escrever a diferença sexual no inconsciente, Lacan utiliza os quantificadores lógicos como instrumento para formalizar o que é um homem e uma mulher no inconsciente. Tal formulação irá se concluir no Seminário *Mais, ainda*, livro 20, com as fórmulas da sexuação. Trata-se de uma forma de dizer o que é um homem e uma mulher sem predicar o falo, ou seja, sem dar ao falo uma qualidade, uma resposta ou uma significação. O falo será uma função cuja escrita é: $f(x)$. Abordar o falo como uma função de x sustenta seu caráter de incógnita.

Por que é tão importante encontrar uma forma de escrita para aquilo que não para de não se escrever? Ora, aquilo que não se pode falar, que não se escreve numa cadeia significante, não existe, permanece em um território estrangeiro, totalmente alheio e estranho ao eu, produzindo sintomas, mas, sem laços com o sujeito, portanto, funcionando à sua revelia e à deriva. É preciso incluir tal campo de ex-sistência para que se possa operar da posição de sujeito.

Na lição anterior falamos da lógica do "não sem", baseada nas formulações de Morgan:

Não [*a* e *b*] equivale a não *a* e não *b*

Substituindo *a* e *b* por "*eu não penso*" e "*eu não sou*", ficamos assim: "não [*eu penso e eu sou*]" equivale a: "*eu não penso*" e "*eu não sou*".

Trata-se de uma lógica do ato conforme foi exemplificado na lição de 28/02/1968, com um caso clínico.

O que se conclui disso é que a travessia do fantasma é uma retirada que o sujeito faz do lugar em que estava fixado, alienado. Há uma espécie de foraclusão, daí o desarvoramento e a vivência de uma certa loucura que acompanha esse tempo da análise.

Os quantificadores lógicos vão servir de instrumento para se lidar com um tempo além da travessia fantasmática. Trata-se de um tempo de uma vivência radical, em que não há palavras, não há Outro. Essa é a vivência de castração. A clínica se amarra em algum lugar. Não se trata mais de se amarrar no fantasma, dai, a topologia dos nós.

O Seminário *O Ato Psicanalítico* prepara o campo para as formalizações do último ensino de Lacan. Ao falar da lógica do "não sem", Lacan antecipa aquilo que o sujeito não é sem seu sintoma.

Tomemos as formas aristotélicas do universal e do particular para formular os quantificadores lógicos, o que permite indicar que a diferença radical na maneira de opor o universal ao particular, na lógica dos quantificadores, reside no seguinte:

"(...), que a universal, pelo menos afirmativa, deve se enunciar assim: 'não há homem que não seja sábio'" (Lacan, Sem. 15, lição de 6/03/1968, p. 201).

Ao articular de outra forma o enunciado aristotélico "Todo homem é sábio" – universal afirmativa, Lacan coloca em jogo duas negações: "não há (...) que não seja (...)" a fim de assegurar a passagem do universal ao particular: "Não existe homem que não seja sábio".

Com isso, se inclui não só o paradoxo como a exceção. Caminhamos na via de outros exemplos, como:

"não existe homem que não exclua a posição feminina, a mulher" ou "existe homem tal que ele não exclua a mulher", apontando para a exceção.

> É o que nos permite avançar uma distinção, e afirmar que a operação quantificadora, quando a pomos em sua função diretiva, função de regime da operação lógica, distingue-se da lógica de Aristóteles pelo fato de que ela substitui o lugar onde a *ousia*, a essência, o ontológico não é eliminado, o lugar do sujeito gramatical, pelo sujeito que nos interessa enquanto sujeito dividido, a saber, a pura e simples divisão como tal do sujeito enquanto fala, do sujeito da enunciação enquanto distinto do sujeito do enunciado (LACAN, Sem. 15, lição de 6/03/68, p. 204-205).

A seguir, acrescenta-se que "a unidade onde se apresenta essa presença do sujeito dividido não é nada mais do que esta conjunção de duas negações", atestada pela presença do subjuntivo:

> Não existe nada que não seja (*Il n'est rien qui ne soit*)... É esse "seja" que marca a dimensão desse deslizamento do que se passa entre esses dois "não" e é precisamente aí que vai jogar a distância que sempre subsiste da enunciação ao enunciado (LACAN, *Idem*).

Aquilo que de início nos parece negação repetida é, pela teoria dos quantificadores, uma 'negação criadora', digna de ser articulada no saber e que vale para todos os casos, portanto, universal afirmativa. Lacan pode, assim, fazer a equivalência do que é expresso por um $\forall$, a saber, o valor universal de uma proposição escrita tal que $\forall$ vale para todo x que funcione na função Fx. Trata-se de uma forma de escrever a função fálica em termos matemáticos, e não predicativos, uma vez que a condição de existência de algo é que se escreva na ordem do falo. Devemos escrevê-la nos termos algébricos da lógica simbólica: $\ni$ x, símbolo que especifica a existência de um x, de um valor de x que satisfaça a função fálica. Assim se toca num ponto aquém da captura da enunciação pelas redes do enunciado. É aí que o psicanalista deve se colocar.

Ao retomar seu conhecido aforismo "o inconsciente é estruturado como uma linguagem", Lacan assinala que, entretanto, o importante, nesse discurso, não é o sentido, percebe-se que a referência é a linguagem.

> [...] Logo, continua havendo todo um nível em que o saber é de linguagem e não é bobagem dizer que esse campo é propriamente

> tautológico, que está na própria origem do que constituiu o ponto de partida da ciência, a saber, uma tomada de medida da clivagem assim definida no discurso por uma ascese lógica que se chama o *cogito*. Essa ascese é um signo que pude desenvolver o suficiente para nela fundar a lógica da fantasia, [...] (LACAN, Sem.15, lição de 6/03/68, p. 209).

Não se trata de uma nova negação e sim, de se chegar ao suporte subjetivo e de ser sujeito de sua própria divisão.

Ato 12 – Seminário de Lacan de 13/03/1968

"O que é ser psicanalista?"

Da resposta a esta pergunta decorre a questão do ato psicanalítico.

O "ser" que a questão implica não é o ser da filosofia. Começamos a formular esta questão a partir da lógica do "não sem", algo que encaminha para a formalização de um "ser que não é sem...", uma lógica do *pas sans*.

Caminhamos para um segundo tempo da clínica que opera a separação entre o S1 e o objeto *a*. A chamada segunda clínica de Lacan constitui uma prática do fora do sentido. O ato psicanalítico produz a causa do sujeito e desconstrói o que causava sua captura na cadeia. Por isso, retomamos o fundamento cartesiano, paradigma do pensamento ocidental, para subvertê-lo em um novo *cogito* – "Sou onde não penso". No final de seu ensino, Lacan falará de *apensamento*, incluindo aí o objeto *a*. Enquanto o paradigma do sujeito é o "eu penso", ou seja, o significante, o do objeto é o "eu sou", uma existência sem pensamento, da ordem do ato. Pode-se entender, por aí, a relação entre o ato e o ser do psicanalista.

Na segunda clínica de Lacan também há um retorno a Freud na medida em que se apoia na proposição de que há um registro, o traço mnêmico, que se atualiza na pulsão. Lacan o formula como: "Existe Um". Não mais com relação ao binário S1 S2, mas com relação ao que não se encadeia, o S1, puro sem sentido. Assim, o S1 é tomado como do lado do Ser. Isso porta a ideia de um signo, saindo da estrutura binária, em que "o significante representa o sujeito para outro significante", para um significante que representa a si mesmo, tendo, portanto, um valor de signo.

Lacan chega a este signo por meio de uma espécie de ascese lógica que se conclui no *cogito* da mesma forma que a lógica do fantasma chega a um axioma que tem valor de signo de gozo.

O ser, diferentemente da filosofia, não é o ente, mas, algo fora do sentido, algo objetal. "Tomar por objeto o efeito de linguagem é de fato o que pode ser considerado como o fator comum do estruturalismo" (Lacan, Sem. 15, lição de 13/03/1968, p. 214).

O que é privilegiado, além do inconsciente estruturado como uma linguagem, é a escrita, que, também, já havia sido destacada por Freud desde os fundamentos da psicanálise. A lógica da escritura egípcia foi usada por Freud, assim como o uso de letras para formular uma escrita do inconsciente na *Carta 52*.

Em *Variantes do Tratamento-padrão*, texto publicado nos seus *Escritos*, Lacan dá uma resposta tautológica à questão do que é a psicanálise, mas que inclui o psicanalista na definição:

"[...] uma psicanálise, padrão ou não, é a cura que se espera de um psicanalista" (Lacan, 1988, p. 331).

Podemos ler este enunciado pela lógica do "não sem": não existe psicanálise sem um psicanalista. Portanto, para definir o que é psicanálise é preciso definir o ser psicanalista. Um não existe sem o outro.

Existem, por exemplo, as psicoterapias.

O que distingue psicanálise e psicoterapia?

Podemos tomar muitas perspectivas para distingui-las. Por exemplo, dizer que a psicoterapia permanece no nível da sugestão e a psicanálise, no da transferência. Podemos, ainda, dizer que o tratamento psicanalítico acarreta efeitos terapêuticos secundários. Seriam esses efeitos um tipo de benefícios secundários? Afinal, uma psicanálise visa ao incurável, o *sinthoma* e sua articulação com o gozo.

> O conceito de *sinthoma* está centrado no que em Freud aparece como os restos sintomáticos da análise que levam a dizer: isto é o essencial, é o núcleo do sintoma e da fantasia, o que permanece *ne varietur.* A partir do momento em que se percebe o *ne varietur,* é a própria incidência do ato analítico que passa a ser a questão (Miller. 2009, p. 74).

Nesta lição do *O Ato Psicanalítico*, o que distingue uma psicanálise de uma psicoterapia é existir um psicanalista ou não. Entendemos, segundo sua formulação, que se houver um analista, haverá psicanálise.

> A psicanálise, partamos então do que é, até agora, nosso único ponto sólido, ela se pratica com um psicanalista. É preciso entender aqui o "com" no sentido instrumental, pelo menos eu proponho entendê-lo assim (Lacan, Sem. 15, lição de 13/03/1968, p.216).

Mais adiante:

"É com um psicanalista que a psicanálise tem acesso ao que está em questão" (Lacan, *ibidem*).

E o que está em questão?

A resposta se encaminha em direção a um efeito de linguagem específico que é o sujeito, que se institui como dividido e de uma forma irredutível.

O caminho apontado implica um saber que deixa resíduos. É com esses resíduos que o estatuto do sujeito se constitui. Ao término do trabalho analítico o analisante se dá conta de sua divisão constitutiva.

O saber construído numa análise não é da ordem do conhecimento. Na psicanálise não se trata de um "conhece-te a ti mesmo". O analista encaminha o saber ali construído de modo que o analisante reconheça o seu ponto de determinação e retifique sua posição com relação ao mesmo. O sujeito tem que se reconhecer e, ao mesmo tempo, se desconhecer num significante no qual se inscreve fixando-se em algum lugar no campo do Outro. A histérica, por exemplo, se apresenta autêntica, ou seja, se fixa nesse significante encontrando sua própria lei em si. Trata-se da "certeza histérica" que constatamos em alguns analisantes. Ora, se a histérica se fixa no significante que representa o outro significante recalcado, o primeiro significante fica na ignorância. O obsessivo, por outro lado,

> [...] extrai o significante em questão, enquanto ele é sua verdade, mas o provê da *Verneinung* fundamental pela qual ele se anuncia como não sendo justamente aquilo que ele diz, que ele confessa, que ele formula. Em consequência, ele não se institui no nível do predicado, mantido por sua pretensão de ser outra coisa, não se formula senão em um desconhecimento de alguma forma indicado pela própria denegação onde ele se apoia, pela forma denegatória de que esse desconhecimento se acompanha (Lacan, Sem. 15, lição de 13/03/1968, p.218-219).

Isso se apresenta, por exemplo, na dúvida obsessiva, em contraponto à certeza histérica.

Há uma outra via sem ser a histérica e a obsessiva de lidar com as certezas. Trata-se da formulação de uma linguagem precisa que exclua os aspectos intuitivos e subjetivos. A referência a Frege separa o processo epistemológico pelo qual se obtém as verdades científicas das formulas aritméticas pelas quais essas verdades podem ser justificadas. Para Frege, o reconhecimento de uma verdade científica passa por vários estágios de certezas. A linguagem mostra seus limites e sua inadequação para lidar com as certezas científicas. As fórmulas aritméticas são as mais apropriadas, como afirma Frege:

"A minha linguagem por fórmulas aproxima-se diretamente da linguagem aritmética na forma de utilização de letras". Esta é sua proposta em *Begriffsschrift*, obra que pode ser traduzida por "*Escrita do conceito*" ou ainda, "*Conceitografia*".

As proposições de Gottlob Frege (1848/1925) visam à fundamentação da aritmética, ponto de partida do pensamento. Lacan utiliza as formulações de Frege para dizer da verdade constitutiva do sujeito da psicanálise. Trata-se de uma verdade que se formula além da linguagem, campo de falta, entretanto, fecundo.

A partir dessas formulações vai-se escrevendo a função fálica de forma matemática de acordo com o capítulo das funções nessa área: $x\,f(x)$. Com isso, como já foi dito, ele prepara o caminho para as formalizações posteriores do seminário *Encore, livre* 20, sobre as fórmulas da sexuação. Segundo a fórmula lógica

> [...] "não existe um que não" (*pas qui ne*) uma referência à existência de um todo; o que indica a condição fálica a que todo ser falante se inscreve e a existência de ao menos um que não se inscreve na ordem do falo. Isso se aplica à definição de sujeito pela lógica do significante: "o sujeito só se institui como representado por um significante para outro significante (S e S1) e que é entre os dois, ao nível da repetição primitiva, que se opera essa perda, essa função do objeto perdido em torno do qual precisamente gira a primeira tentativa operatória do significante, a que se institui na repetição fundamental (Lacan, Sem. 15, lição de 13/03/1968)

A ideia do todo se baseia no fato de que o homem conhece o *todo* porque esteve em uma fusão original com a mãe. O que o leva a formular: Não há inconsciente sem mãe. Tal mito foi introduzido por Otto Rank por meio de sua formulação sobre o traumatismo do nascimento. Abordar o nascimento pelo traumatismo é dar-lhe uma função significante. Opera-se, a partir daí, a irrupção do real, que vai do trauma à fantasia.

A ideia do traumatismo do nascimento levou a uma outra ideia, no caso, equivocada, de que se poderia reencontrar o objeto perdido e fusional. Isso permanece como uma referência a um estado de uma impossível completude, almejada e jamais encontrada. O seio materno exerce a função de objeto dessa nostalgia; e será formalizado como objeto *a*. Em sua consistência lógica o objeto *a* é uma variável constante que começa a articular a constituição do desejo.

Se existe uma certeza de que toda criança tem uma mãe, por outro lado, a existência do pai é um ato de fé. A mãe se mantém como uma necessidade puramente orgânica e a distância entre a concepção e o nascimento instaura um intervalo em que tudo o que é humano se cria, inclusive a linguagem. É esse intervalo que permanece como resíduo da divisão do sujeito, por onde vagueiam as almas errantes até se reabrigarem em algum lugar. Ressalta-se aqui a noção de lugar que será formalizado em termos topológicos. A placenta e o seio são abordados como objetos chapeados que se apresentam como uma pertinência ao nível do Outro, desse Outro perdido, barrado, que tem a função de resto e permanece como um *a*.

> Que o objeto "*a*" seja o indicativo em torno do qual se forja a função do todo enquanto mítica, enquanto é precisamente o que toda a pesquisa do estatuto do sujeito, tal como se institui na experiência da psicanálise, se opõe e contradiz, eis o que deve ser demarcado e que só pode dar a este objeto "a" sua função de pivô, de ponto de inflexão do qual outras formas se deduzem; mas sempre, com efeito, a partir desta referência: que é o objeto "a" que está no princípio da miragem do todo (Lacan, Sem. 15, lição de 13/03/1968, p. 227).

A partir do Seminário *A angústia*, livro 10, Lacan já havia introduzido uma nova dimensão à formalização do objeto *a*, a dimensão real, como efeito do corte. Destaca-se o estatuto do objeto relativo a cada estágio do percurso pulsional: o seio, os dejetos, o olhar, a voz e o falo. Isso diz respeito ao ato, no sentido de que a função do corte é a de extrair o objeto e propiciar sua queda. Em cada estágio do percurso da pulsão a queda do objeto deixa um rastro com as marcas de cada estágio. Por isso podemos dizer da predominância de um ou outro desses estágios na constituição do desejo e, portanto, do sujeito.

Ao indagar se o *a* pode ser um predicado, a resposta de Lacan é incisiva: "O '*a*' não pode, de maneira alguma, se instituir de uma forma predicativa, e muito precisamente porque sobre o '*a*', em si mesmo, de forma alguma pode incidir a negação" (Lacan, Sem. 15, lição de 13/03/1968, p. 228).

Busca-se uma forma de abordar o estatuto do sujeito além da lógica dos predicados. Encontramos em Freud os conceitos de juízo de atribuição e juízo de existência. Lacan os trata em termos matemáticos. A função fálica é escrita $x\ f(x)$ justamente para afastar qualquer conotação predicativa e o objeto *a*, ao adquirir uma notação algébrica, zela pela sustentação de seu estatuto real.

No seminário seguinte *De um Outro ao outro*, livro 16, Lacan continuará a formalização matemática da estrutura do sujeito por meio de uma abordagem escritural do *Um* e do *a*. Utilizará, para tal, a aposta de Pascal e a série de Fibonacci para contabilizar não somente a marca fundadora do sujeito como também a função da perda.

Ato 13 - Seminário de Lacan 20/03/1968

Ao iniciar esta lição, Lacan insiste que o que ele diz ali se dirige aos psicanalistas. O que ele diz não é para ser compreendido: "Vocês não compreenderão nada, o que, mesmo assim, não os impedirá de sonhar com outra coisa".

Enquanto Freud, em *Psicologia das Massas e a Análise do Eu*, assinala que é o traço do Ideal que reúne as massas em torno de um líder portador de um traço em comum,

> Para Lacan, o *a*, funcionando como efeito de transferência de uma multidão de indivíduos, passa a ser o fator agregador e responsável pela formação da coletividade, na medida em que as ressonâncias dos efeitos de sentido tocam cada um dos indivíduos fazendo causa. Ora, para que algo ressoe, é preciso que tenha a estrutura oca, portanto, um furo, uma falha. Isso se aplica à causa do desejo humano e sua origem pulsional (Rodrigues, 2010, p. 197).

Portanto, ao objeto *a*. Talvez, por isso, ele fale em "sonhar com outra coisa", referindo-se à função do objeto *a* de fazer causa. No entanto, mesmo que não se compreenda, o que ele diz deixa restos, e são esses restos que permanecem para ser assimilados lentamente.

Com seu estilo irônico, Lacan vai além, compara esses restos ao que se chama, no reino animal, de "esquadrão da morte", seres que se alimentam dos animais mortos e que levam muito tempo para consumi-los, especialmente, o cadáver humano. "É com isso que se parece o emprego de um certo número de atividades universitárias em torno desses restos de pensamento: os esquadrões da morte" (Lacan, Sem. 15, lição de 20/03/1968, p. 232). Ele irá retomar essa questão anos mais tarde, no Seminário *O Sinthoma*, ao falar dos escritos de Joyce que ocupariam os universitários por mais de 40 anos.

Isso tudo tem relação com o que será abordado neste capítulo. Trata-se da questão: O que é um psicanalista? Ora, tal pergunta está diretamente ligada ao ato psicanalítico, pois um analista se define por seu ato, que, por sua vez, se define pelo lugar de onde ele é operado. O lugar de onde o analista opera, como já foi dito, é o de semblante de objeto *a*.

> [...] vocês sabem que o ato psicanalítico se dá, tendo por resultado essa ejeção do "*a*" que compete, em suma, fica a cargo do psicanalista que estabeleceu, permitiu, autorizou as condições do ato, ao preço de que ele mesmo venha a suportar essa função do objeto pequeno "*a*". O ato psicanalítico é, evidentemente, o que dá esse suporte, autoriza a realização da tarefa psicanalisante. É na medida em que o psicanalista dá a esse ato sua autorização, que o ato psicanalítico se realiza (LACAN, Sem. 15, lição de 20/03/1968, p. 233).

Mais adiante, ele dá ao termo *realiza* seu lugar, o de – φ da castração: *real // iza*. Aqui, é inevitável a articulação com o trajeto da pulsão, desenhado por Freud, em que a pulsão se realiza ao atingir o vazio da falta do objeto após um percurso em que foi se ligando e desligando das representações de objeto. Se a pulsão é o fundamentalmente humano, o ato é o que refunda o homem a cada vez que se repete. Não é algo que acontece com frequência. O homem tende a se alienar nos objetos que encontra em seu caminho e permanecer por algum tempo fixado em algum ponto desse percurso. O ato é o que vem operar o corte que o separa dos objetos e o refunda tocando no ponto mais íntimo do seu ser de falta.

O ato é um fato significante que produz um efeito de sujeito enquanto esse efeito é radicalmente divisor. Essa é a novidade essencialmente psicanalítica: "o sujeito é um efeito de divisão". É devido a essa divisão que o sujeito torna a se alienar e que o ato se impõe novamente como um imperativo ético.

O sujeito da psicanálise é, pois, um efeito de divisão, bifurcação (*bivium*) que se escreve: $\$ \lozenge a$, matema da fantasia.

Em outras palavras, para que a descoberta freudiana do inconsciente e seu efeito mais importante para o homem, que é o acesso à posição de desejo, seja sustentável, nesse mundo em que os dispositivos o levam na direção contrária, Lacan faz a proposta de reinvenção constante de um outro dispositivo – o discurso analítico, pelo qual se possa alcançar o real e ser capaz de suportá-lo, não no sentido de se conformar ou de se resignar, mas no de fazer suporte, de fazer do real escrita.

> Em 1975, Lacan em seu seminário *RSI*, especificamente no dia 18 de fevereiro, retoma a questão do sintoma, não em sua origem a partir de Hipócrates, mas em Marx, em sua articulação entre o capitalismo e o feudalismo. Destaca os efeitos do capitalismo, não só os maléficos, mas principalmente os benéficos, fazendo uma analogia entre o homem proletário despojado de seus bens e o sujeito da psicanálise que advém como efeito da destituição subjetiva. Do primeiro, pode advir a revolução do proletariado e do segundo, a subversão do sujeito.
>
> Sua proposta neste seminário de 1975 é fazer do homem não um projeto de um ideal para reunir as massas, mas um conjunto de particularidades regidas pela maneira como cada um goza de seu inconsciente. Assim, o sintoma permanece como Marx o formulou, porém não será um sintoma social, e sim, um sintoma particular. Não se trata de um traço do ideal, mas do objeto *a* fazendo causa (Rodrigues, 2010, p. 202).

Retomando Lacan,

> O ato psicanalítico consiste essencialmente neste tipo de efeito de sujeito que opera distribuindo... o que constituirá o suporte, a saber, o sujeito dividido, o $\mathcal{S}$, enquanto esta é a aquisição do efeito de sujeito ao final da tarefa do psicanalisante: é a verdade que, qualquer que seja e sob qualquer pretexto com o qual ele se tenha engajado, é conquistada pelo sujeito. É, por exemplo, para o sujeito o mais banal, aquele que chega com a finalidade de conseguir alívio: "eis meu sintoma, agora tenho sua verdade" (Lacan, Sem. 15, lição de 20/03/68, p. 237 – destaque do autor).

O que perdura desse sintoma é um saber "não todo", algo irredutível, o objeto *a*, causa da divisão do sujeito. A impossibilidade de se saber tudo sobre o sujeito constitui sua própria divisão. O objeto *a* foi surgindo na experiência analítica no efeito de transferência. Conforme a estrutura instituída pelo ato analítico, o analisante, no decorrer da análise, vai se vendo como determinado pelas funções da amamentação (seio), excrementícias (fezes), do olhar e da voz. É comum os analistas escutarem de seus analisantes relatos de situações em que se veem determinados ou convocados a agir a partir de uma demanda à qual ficaram capturados. Tais demandas se apresentam por meio do que restou dos estágios primitivos dos investimentos libidinais sob a forma que regiam o percurso pulsional, ou sejam, o seio, as fezes, o olhar ou a voz.

O corte que opera a castração simbólica também porta uma dimensão trágica na medida em que o herói, o analisante ou "qualquer um que se engaje sozinho no ato, está votado a este destino de tornar-se enfim apenas o dejeto de seu próprio empreendimento", assinala Lacan.

O conceito de objeto *a* marca uma nova direção na psicanálise: além do Édipo.

A experiência analítica também constrói o mito individual do neurótico, reduzindo-o ao axioma fantasmático. Não cabe ao analisante a saída do herói. Ele não se identifica com o *a*, com esse dejeto. O destino do complexo de Édipo é cair sob a barra da castração e não servir mais de amarração para a estrutura. O analisante terá que se amarrar de outra forma. Cabe aí uma outra versão do Pai. Mais tarde, no final de seu ensino, Lacan formulará o nó borromeano como um Nome-do-Pai. Por isso ele retoma aqui a questão do Nome-do-Pai, embora dissesse que não o retomaria mais. Após avançar teoricamente, acena com a esperança de uma via mais segura para traçar a relação ao efeito de sujeito pela via da lógica.

Trata-se do que vem sendo formulado em termos de função dos quantificadores. Como predicar o falo além do complexo de Édipo? Ora, a questão é que em nada do que podemos inscrever de nós mesmos no campo do Outro, nós poderemos nos reconhecer. Isto vai ao encontro do conhecido aforismo lacaniano: "a relação sexual não existe". Aqui, ele o formula em termos de "o sexo não é todo" embora haja um apelo ao todo no sexual.

O trabalho analítico demonstra essa direção na medida em que faz surgir o indecidível. Como enlaçar o indecidível na estrutura? Já se anuncia a elaboração posterior sobre o nó borromeano – a função de enodamento do objeto *a*.

Destaca-se a impossibilidade de se definir o ser humano por meio da lógica do universal pois,

> o que nos mostra a experiência analítica é que não há sujeito cuja totalidade não seja uma ilusão, porque ela depende do objeto pequeno *a* enquanto elidido (Lacan, Sem. 15, lição de 20/03/1968, p. 243).

O campo do não todo, que abre a dimensão do Outro sexo, o da mulher, não é afetado por um não, pois a mulher também está inscrita na ordem do falo. Isso implica no surgimento de uma existência particular positiva.

Em seu artigo *Posições do Inconsciente*, nos *Escritos*, Lacan já havia falado disso por meio da parábola do *Homelete*: Não se faz um homem sem quebrar os ovos, o que não é outra coisa senão o objeto pequeno *a*.

A questão da transmissão da psicanálise está diretamente implicada com sua prática. Todo praticante supõe um certo saber, assim como o carpinteiro se define pelo saber da madeira, o psicanalista, pelo saber do inconsciente, referente à experiência da queda do *a*, que Freud chamou de castração. Sendo assim, trata-se de um saber que não se sabe. O estatuto do psicanalista não repousa em nada mais do que nisto, ressalta Lacan:

> [...] em que ele se oferece para suportar, em um certo processo de saber, esse papel de objeto de demanda, de causa de desejo, que faz com que o saber obtido não possa ser tomado senão pelo que é, ou seja, realização significante conjugada a uma revelação da fantasia (Lacan, Sem. 15, lição de 20/03/1968, p. 245).

O saber a que se chega numa análise é um saber não todo. É impossível saber o que vem pela frente, o real. Por isso temos de ter recursos para nos virarmos com as irrupções do real que nos surpreendem na vida.

Nossa direção é a da divisão do sujeito:

> [...] mas cujo destino é justamente que, no final da análise, ele se realize como constituído por esta divisão; divisão onde todo significante, enquanto representa um sujeito para um outro significante, comporta a possibilidade de sua ineficiência precisamente para operar essa representação, por sua colocação em falso a título de representante (Lacan, Sem. 15, lição de 20/03/1968).

Ainda afirma:

> Não há psicanalisado, há um tendo sido psicanalisando, donde se resulta um sujeito prevenido de que não poderia se pensar como constituinte de toda ação sua (*Ibidem*).

Do lado do analista, resta-lhe o lugar de objeto *a*, o que sobra dessa operação.

Ato 14 - Seminário de Lacan de 27/03/1968

Devido à redução do número de pessoas neste dia do Seminário, foi possível estabelecer uma interlocução com alguns dos presentes, que tinham enviado questões atendendo à demanda de Lacan.

A primeira questão colocada foi sobre o termo "consequência" extraído da pergunta enviada a Lacan por Soury: "Você ligou os efeitos do significante à possibilidade de uma consequência?". Lacan utiliza o termo consequência em um dado momento de seu discurso na perspectiva de uma *com sequência lógica*. "O que inicialmente tem consequência é a articulação de um discurso com o que ele comporta de sequência, de implicação".

Com sequência de discurso não é a mesma coisa de consequências *linguageiras*. À medida que se estabelecem escansões, surgem efeitos significantes, efeitos de sujeito. Linguagem não é a mesma coisa que discurso. O discurso implica o sujeito, a linguagem não, necessariamente. O aforismo lacaniano "o inconsciente é estruturado como uma linguagem" é posto em discussão. O inconsciente pode ser estruturado como uma linguagem, mas é no discurso que ele se ordena. Estar na linguagem não implica que se esteja no discurso.

A linguagem, na psicanálise, é o blá-blá-blá que se dá quando alguém se deita num divã e se põe a falar. O que organiza tal fala são as escansões e as intervenções do analista que introduzem os giros dos discursos. Pode-se estar na linguagem e não se estar no discurso, insisto; mas não o inverso. A linguagem é a condição para o discurso. Estabelece-se uma "sequência significante, que toma forma mais precisa, acento de consequência, a partir do momento em que se estabelecem as escansões". Esta é a dimensão da experiência psicanalítica que se estende não só aos discursos, mas também a outros registros, como ao que Lacan se refere, aqui, pelo termo "campo das forças reais". Parece se referir ao campo do real, que só pode ser apreendido por algum "nó de consequências". Nota-se que ele utiliza aqui o termo nó que mais tarde será formalizado como uma escrita do real, por meio do nó borromeano. O nó aqui é aplicado como um nó de consequência lógica, portanto, analisável, e que acarreta efeitos de sujeito.

Destacamos o fato de haver uma impossibilidade estrutural de se articular algo de primeiro, que acarreta consequências na medida em que se estabelecem escansões que tocam nessa impossibilidade. Tais consequências são *linguageiras* e são elas que possibilitam alguma articulação com aquilo que não se articula e que só pode ser cercado pela linguagem. Assim, o termo consequência só pode ser apreendido aqui no sentido de uma lógica que vai na direção dos efeitos de sujeito.

Como toda lógica, vemo-nos diante de paradoxos, de nódulos reais, que é o termo usado aqui por Lacan. Portanto, a lógica não dá conta de uma verdade toda. Quando dizemos lógica, estamos tratando da lógica do significante e, portanto, isso implica que nem tudo se articula na cadeia significante. Daí a questão do ato além da interpretação.

Desde o início de seu ensino Lacan destacou a divisão referente aos dois campos que se apresentam como efeito da abertura do inconsciente. Tal divisão, num tempo inicial, foi formulada nos termos de sujeito do enunciado e sujeito da enunciação. O sujeito do enunciado se mostra articulado na cadeia de significantes que constitui o campo da rememoração, da história que se escreve no campo do Outro da linguagem. O sujeito da enunciação sempre foi um ponto de resistência à captura pela linguagem e requereu instrumentos específicos para sua abordagem. Também aqui, a lógica dos quantificadores se mostra insuficiente para abordar o sujeito da enunciação, que não é a mesma coisa que o sujeito quantificado. O sujeito da enunciação é muito mais perturbador. Lacan assinala com relação a isso que "os linguistas foram forçados a reconhecer isso dando ao 'eu' a definição de *shifter*, que é o que falha em relação ao principal, em outros termos, o índice daquele que fala" (LACAN, Sem. 15, lição de 27/02/1968, p. 264). O termo *shifter* faz homofonia com *chief*, o chefe, o principal que se apresenta no texto como o que rateia e escapa ao enunciado. Isso tem consequências quando se é convocado a entrar no discurso e falar em nome próprio enunciando: "eu".

Como ilustração, tomamos o exemplo do psicótico que, ao falar na primeira pessoa, pode produzir fenômenos elementares como consequência da falha estrutural referente à constituição do "eu".

O que interessa é encontrar um ponto de sustentação no "eu não sou", lugar do sujeito do inconsciente. Tal lugar implica num vazio que é, ao mesmo tempo, um operador.

Abordar o inconsciente por esse viés é tomá-lo mais do lado da mulher e não do falo. Por isso, Lacan destaca num tom de ironia que lhe é peculiar, que "é evidentemente falso que todos os homens amam a mulher". Há um campo do inconsciente, tomado na sua dimensão de furo, de falta que se aproxima do feminino. Daí o conhecido aforismo lacaniano – "a mulher não existe", na medida em que ela não é toda submetida à ordem fálica. A partir deste Seminário, *O Ato Psicanalítico*, Lacan começa a indagar se é possível acreditar na mulher, no Outro sexo. Acreditar na mulher é um ato de fé, o que a faz próxima de Deus.

> Deus, o analista, o inconsciente, A̸ mulher, isso que inspira os homens a buscarem sempre uma Outra Coisa. Essa Outra Coisa, entretanto, não é outro objeto, outro parceiro, outra ocupação, mas esse campo do não todo onde nenhuma representação representa. Essa Outra Coisa está além do campo fálico (Rodrigues, 2007, p. 243).

A homossexualidade é tomada, aqui, pelo viés do monopólio do campo fálico, aquele que não deixa resto, o que implica a não queda do *a*. Por isso Lacan define a relação heterossexual como aquela que deixa resto, deixa cair o objeto. Todos os homens amam a mãe e não, a mulher, pois o acesso à mulher implica em barrar a mãe e deixar cair o *a* que ela contém, operação correlativa da castração. É bem conhecido o artigo de Freud *Uma escolha especial de objeto feita pelos homens* em que ele aborda a divisão sofrida pelos homens com relação à mãe e à mulher, implicando na dicotomia entre a santa e a puta.

A ordem significante impõe ao ser falante a castração simbólica pela qual o objeto em sua naturalidade é por estrutura perdido. O homem e a mulher, ao passarem pela castração, se deparam com o mesmo negócio, *STAFERLA, cette affaire lá*, o mesmo tema: a mulher. Para ambos, trata-se de um paradoxo do qual a lógica formal aristotélica não dá conta.

Poderíamos perguntar: a referência naturalista se sustentaria com relação ao ato sexual? O que o clínico pensa do instinto?

Lacan lança mão de um fragmento da clínica para dizer que não se trata de considerar que é natural que um homem e uma mulher têm que estar juntos. Ele afirma que "eles podem ir juntos sem ter nada a ver juntos". Ilustra: se um homem e uma bela mulher se encontram em um chalé na montanha e não acontece de realizarem um ato sexual, não significa que o analista deva intervir aí achando que tem algum problema. Ficou estabelecido culturalmente que deve acontecer um ato sexual nessas circunstâncias, como sendo da natureza do macho investir na companheira e a da mulher, de se fazer desejada. Porém, o desejo do homem é atravessado pela mãe, o que acarreta todo o drama humano conhecido como complexo de Édipo.

Será que o analista, com seu senso clínico, diante de um relato como este, de que "não aconteceu nada" no chalé na montanha entre esse homem e a bela mulher, deve intervir sob a suspeita de que aí há algo de errado? Em caso afirmativo, ele estaria operando a partir do consenso "naturalista" de que deveria acontecer um ato sexual entre eles. Ora, o analista, da posição de objeto *a*, resto, dejeto, estaria desvestido de qualquer senso comum, conceito ou preconceito. Não é do lugar do senso clínico que ele opera, e sim com o não saber, próprio da douta ignorância. Ele não tem de tomar partido se é natural ou não.

> Simplesmente, ele instaura uma experiência na qual ele tem que meter o seu grão de sal, em nome desta função terceira que é esse objeto "*a*", que desempenha a função chave na determinação do desejo, que faz com que seja, com efeito, o recurso da mulher no embaraço em que a deixa o exercício de seu gozo, em sua relação com o que é do ato (Lacan, Sem. 15, lição de 27/03/1968, p. 270).

O que é destacada é a posição de objeto *a* imposta, por estrutura, não só ao analista como à mulher, na medida em que, no ato sexual, ela atua como objeto *a*. O que quer dizer isso? Significa que, em cada um dos parceiros, ela atua como o que faz causa, mascarando um oco, um vazio, essa coisa que falta na relação e que faz com que um homem e uma mulher não tenham nada a ver juntos, uma outra maneira de enunciar "a relação sexual não existe". Em algum momento, pode acontecer de um dos parceiros ser acometido pela intuição do embuste que não é seu, mas imposto pela instituição do desejo fálico, e aí não acontecer nada. Isso costuma ocorrer mais do lado da mulher, que

> não tem qualquer motivo para aceitar essa função do objeto pequeno *a*, ocorre simplesmente nessa ocasião, na ocasião de seu gozo e da incerteza deste em sua relação ao ato, de se dar conta da potência do embuste, mas de um embuste que não é seu, que é algo diverso, que é precisamente imposto pela instituição, na ocasião, do desejo do macho (LACAN, Sem. 15, lição de 27/03/68, p. 270).

Do lado do homem ocorre uma impotência de visar algo além deste seu saber sobre o sexo. O saber do homem é um saber fálico, ele não tem acesso ao saber do Outro sexo, o da mulher. No Seminário *O Avesso da Psicanálise*, livro 17, Lacan falará disso em outros termos, assinalando:

"No entanto, o que a teoria freudiana mais acentua é que só o falo pode ser feliz – não o portador do dito cujo" (LACAN, 1992, p. 69).

Assim, por mais que o portador do dito cujo faça, ele jamais saberá exatamente o que quer uma mulher. Isto redunda na sua impotência em fazer algo que satisfaça plenamente uma mulher. Há um balanceamento neste entrecruzamento entre a impotência da verdade e a potência da mentira; como diz a conhecida dedicatória de Serge André: "àquela que me sabe mentir", no seu livro *O que quer uma mulher?*

Trata-se aqui da dialética entre saber e verdade, que não cabe ao analista articular. O analista está situado justamente no lugar que condiciona essa vacilação, o do objeto pequeno *a*. Isso implica que, ao invés de se considerar como o clínico que julga saber fazer uma avaliação do assunto em cada caso, ele possa se situar no quadro clínico como no quadro de Velasquez – *As Meninas* – em seu lugar na transferência. Tal lugar não passa pela pessoa do analista. É isso que lhe possibilita uma abordagem diferente na diversidade dos casos.

Falar da "vida privada" pode ser entendido pelo viés de uma vida privada de quê? Quando se faz uma análise não há mais vida privada e sim, uma vida psicanalisada. Uma vida privada é o que sustenta tantas normas que vão moldando as relações entre o homem e a mulher, e que constituem o campo das ficções. A vida psicanalisada, exposta no divã do analista, se realiza em função da posição dos analistas e de instrumentos de revelação.

Com relação à vida privada do analista, Lacan prescreve que este mantenha muitas coisas reservadas, na medida em que, por efeito de sua própria análise, ele não tem mais uma vida privada. O importante é saber que lugar ele ocupa, na transferência, na vida de seu analisante. Para isso ele tem que sustentar uma posição no discurso. A existência do analista é uma existência de discurso e não de pessoa.

O que faz o estatuto do analista é ele poder manter sua vida privada, no sentido da privação de sua pessoa e de sua subjetividade, operando do lugar de objeto pequeno *a*.

Ato 15 – Seminário Final (notas de 8 e 15/05/1968)

Lacan não continuou seus seminários dos dias 8 e 15 de maio em razão da greve convocada pelo Sindicato Nacional do Ensino Superior, mas esteve presente, uma vez que parte do auditório estaria lá.

Segundo Roudinesco, na véspera da interrupção houve um encontro entre psicanalistas da EFP e Daniel Cohn-Bendit, líder da revolução estudantil de maio de 1968.

A reunião terminou com o oferecimento de donativos aos militantes, que foram jantar no La Coupole, lá encontrando casualmente alguns dos psicanalistas, que descobriram, espantados, como o dinheiro doado à causa havia sido empregado.

Durante os debates, Lacan não fez nenhum comentário. Entretanto, no dia 15 de maio comenta o encontro. Elogia a inteligência de Conh-Bendit e diz:

> Venho me matando de dizer que os psicanalistas devem esperar alguma coisa da insurreição; há quem retruque: o que esperaria de nós a insurreição? A insurreição lhes responde: o que esperamos de vocês, se for esse o caso, é que nos ajudem a atirar paralelepípedos.

Os paralelepípedos e as bombas de gás lacrimogêneo preenchem a função do objeto *a*, a serem lançados e deixando cair, no real, aquilo que causa o Movimento.

O discurso de Lacan implica os analistas nos acontecimentos coletivos que ocupavam as ruas de Paris. Não considera o movimento estudantil mera turbulência. Trata-se, para Lacan, de um fenômeno estrutural em que as relações entre desejo e saber são colocadas em questão. A psicanálise permite articular esse movimento à questão da transmissão do saber. A omissão dos psicanalistas mostra que eles não estão à altura da psicanálise na medida em que renegam o saber que obtiveram nas suas próprias análises.

Toda essa insurreição teve início na Cidade Universitária de Nanterre, com as ideias de Reich. Ideias que para Lacan são demonstráveis como falsas. O caos pulsional do qual se ocupa a psicanálise não é resolvido dessa forma. Os psicanalistas não se posicionam para denunciar o que está por trás de tudo isso: a relação sexual não existe – uma proposição particular negativa – apontando para o real em que não há saber.

O lugar desse não saber já fora intuído por Freud ao falar de um período de latência. O real não se diz, se apresenta: há o real. O Outro, aí, não existe.

Um ano e meio depois, Lacan oferece a estrutura dos quatro discursos como uma resposta mais efetiva a essa questão, no seu Seminário *O Avesso da Psicanálise*, livro 17.

Concluindo...

Poucos anos depois deste Seminário, Lacan ao construir uma teoria dos quatro discursos, distinguirá o discurso universitário como aquele em que o objeto *a* é colocado no lugar do saber, como um saber insuficiente, um saber faltoso, que nos coloca na posição de estudantes. No entanto, por ser um saber não todo, estamos sempre dando voltas, e a cada volta algo se escreve e algo cai, daí o movimento.

Sendo assim, o Seminário *O Ato Psicanalítico* soa como um trabalho de desconstrução de um saber que faz obstáculo ao real – desconstruir as formas construídas para promover o desencontro com o real avassalador diante de um sujeito sem recursos, ainda, para saber fazer aí. Ao desfazer essas formas, ao se desfiarem as histórias de tantas vidas nos divãs dos analistas, a prática do ato, entre cortes e suturas, permite a cada um se enodar de outro jeito, incluindo o real da castração evitada ao preço da neurose ou de outras formas que acarretam tanto sofrimento.

O real bate a nossa porta o tempo todo, atravessando nosso caminho, acarretando turbulências em nossas vidas. Queiramos ou não, é impossível evitá-lo, melhor ouvir seu chamado. Lacan, anos mais tarde, em *Os não tolos erram*, nos convida a sermos tolos desse real.

O campo do real está presente na psicanálise desde a teoria do trauma. O trauma é algo que ex-cede, que transborda, e com relação ao qual o aparelho psíquico não tem nenhuma representação para fazer alguma contenção. Por isso, dizemos que o real ex-siste ao sentido e à palavra.

Uma das definições do real o descreve como "o que não cessa de não se escrever". O real não pode ser coberto pela palavra ou pela imagem;

mas, insiste e não cessa de nos avisar que não há nenhuma representação que o recubra.

O Imaginário é o que situamos na dimensão do Eu, da representação e do sentido. O Simbólico se constitui pelos efeitos de nossa sujeição à linguagem e à função da palavra. Esses três registros são equivalentes, não havendo primazia de nenhum deles, embora de acordo com os tempos do percurso analítico possa haver privilégio de um ou de outro registro. Tais registros só são válidos para o *parletre*, para o sujeito da palavra.

O objeto *a*, em torno do qual gira a questão do ato, está no centro enodando os três registros – núcleo referido por Freud como *Kern unseres Wewsens* – o núcleo do ser.

No início de uma análise, num tempo chamado de entrevistas preliminares, as intervenções do analista visam comover os sentidos aos quais o sujeito está habituado em uma rotina sufocante que o afasta do gosto pela vida. O saber que o analista porta é o de que

> [...] o mundo que cada um de nós habita está condicionado por esse intervalo de gozo no qual estamos ancorados [...]. Quando um sintoma se apresenta sob o modo do sofrimento, o único modo de desfazê-lo é avançando pela trama das palavras – significantes – que são as que encadeiam, no fundo desse sintoma, o objeto *a* (Vegh, 2001, p. 68).

O analista pode intervir a partir de qualquer um dos três registros. As intervenções a partir do real visam fazer surgir a dimensão do gozo em que o sujeito se encontra fixado. Lacan fala na lição de 20 de março de 1968 deste Seminário, de um sujeito advertido daquilo que impede suas realizações, daquilo que o retém em seu gozo. A partir disso, é preciso suportar a incerteza que vem pela frente, pois a única certeza que se tem numa análise é de que o analisante, a partir de um certo momento, não está mais no lugar onde seu gozo estava fixado. Isto abre espaços para a criação. O corte operado pelas intervenções do analista promove a queda do objeto *a* permitindo que o gozo condescenda ao desejo.

"É de sutura e emenda que se trata na análise", diz Lacan na lição de 13/01/1976 do Seminário *O Sinthoma*, livro 23, acrescentando que é necessário que façamos, em algum lugar, uma emenda entre imaginário e simbólico para que se produza o efeito de sentido no real.

O analista vai na direção do gozo do analisante para fazer o exercício de sua queda. Suspende o gozo para aceder ao desejo. Isto implica na separação entre o *a* e o *I* que o analista é chamado a encarnar. Em outras palavras, essa separação implica em desvestir o analista das roupagens que o investem no lugar em que personifica o Ideal do Eu do analisante e o reduz a ser nada além de um resto que porta o traço que constitui o núcleo desse Ideal.

Na medida em que uma análise avança, requer-se intervenções desde o real. Há uma variedade de intervenções a partir do fato que não há uma regra para se bordejar o real. Porém, isso não exclui a submissão à lógica dos discursos. Por meio dessas intervenções aponta-se para um Outro inexistente e ao mesmo tempo para um lugar em que o sujeito pode se sustentar. Assim, enodam-se os três registros ao *a* como causa produzindo um duplo efeito: um sujeito advertido não só do lugar que o consome num gozo, mas também da inexistência do Outro.

Cada final de análise é uma aposta, não sabemos o que virá pela frente. O trabalho analítico se faz dando voltas ao redor desse não saber. Cada passagem pelo mesmo marco vai deixando o traço do qual o sujeito fica advertido.

> [...] o tempo circular da repetição deixa a talha, o traço, a marca de cada passo pelo lugar simbólico no qual um gozo se desprende. Assim se constitui a série do tempo irreversível que inaugura o ato. O final de uma análise não é o tempo da roda, a não ser quando esta, na eterna quietude da pedra, traça o sulco do desejo (VEGH, 2001, p. 103).

O final de análise pode ser escrito como um tempo em que o sujeito se libera de sua fixação ao objeto de gozo. Não se liberta do gozo, pois este é de estrutura, mas do objeto no qual ele está capturado. Nesse sentido, o sujeito é um efeito do trabalho analítico, enquanto o objeto é um produto, o que se mostra claramente no matema do discurso do mestre em que o objeto *a* está no lugar da produção, como objeto mais de gozar.

$$\frac{S1}{\$} \rightarrow \frac{S2}{a}$$

O primeiro tempo das análises é um tempo clínico que encontra seu limite segundo Freud na castração, e segundo Lacan, na queda do objeto *a*. Se a análise avança, o ato, ao mesmo tempo em que institui o finito, também cria a infinitude retroativa que deixa o sujeito disponível para outra volta, não só na análise como no que vier a seguir. Isso propicia efeitos de sentido que são da ordem da criação.

Lacan nos convida a pensar o final de análise não só como a queda do objeto, mas também como recriação desse Outro que não existe. São as marcas do Outro que nos constituem e é disso que dispomos para nos reinventar. Por isso, podemos dizer, uma análise vai de um destino a um estilo. Os mitos falam de diversas formas de um desejo do homem de não ficar capturado num destino, ou seja, capturado ao um gozo do Outro. Libertar-se de um destino é ir além do trágico mandato.

"[...] a arte do analista deve consistir em suspender as certezas do sujeito, até que se consumem suas últimas miragens. E é no discurso que deve escandir-se as resoluções delas". (Lacan, 1998, p.253)

A análise é o exercício de uma perda de gozo. Trata-se de exaurir o campo do Outro até cair o *a*. A morte e a castração, equivalentes na lógica freudiana, indicam uma dupla falta: a do Outro ($\not{A}$) e a do Sujeito ($\not{S}$). É a morte que se insere na vida e a relança. "Gozo e criação se enodam e tecem a trama que ressoa com as vibrações de nosso ser" (Vegh, 2001, p. 142).

Retomamos o campo da poesia com o qual iniciamos este livro, na medida que a encontramos tanto na lógica do sentido como na falta de sentido. A poesia é um fazer. A psicanálise é um instrumento operacional que, através de um ato abre o campo do inconsciente onde se dá essa operação. O não-saber-fazer com o real se torna um saber-fazer e é nisso que psicanálise e poesia se aproximam.

Este saber não é da ordem do conhecimento, mas de um saber fazer com o inconsciente, saber das tramas de seus funcionamento, das armadilhas de suas propriedades, saber fazer uso do gozo para lidar com o próprio gozo e se virar com isso.

Referências

BARTHES, Roland. *O grão da voz*: entrevistas (1962-1980). Trad. Mario Laranjeira; Revisão da trad. Ligia Fonseca Ferreira. São Paulo: Martins Fontes, 2004.

CORDEIRO, Néstor Luis. *Sendo, se é: a tese de Parmênides*. Trad. Eduardo Wolf. São Paulo: Odysseus, 2011.

DESCARTES, René. Meditações. *Os pensadores*. São Paulo: Nova Cultural, 1996. (Meditações, p. 123. *Os Pensadores*. Abril)

FREUD, Sigmund. Carta 52, (6/12/1896). Rascunho K, As neuroses de defesa (1896). (*Edição standard brasileira das obras psicológicas completas de S. Freud – ESB*, v. I). Rio de Janeiro: Imago, 1976.

FREUD, Sigmund. Escritores criativos e devaneio Sigmund (1908 [1907]). (*Edição standard brasileira das obras psicológicas completas de S. Freud – ESB*, v. IX). Rio de Janeiro: Imago, 1976.

FREUD, Sigmund (1914). A história do movimento psicanalítico. *ESB*, v. XIV. Rio de Janeiro: Imago, 1976.

FREUD, Sigmund (1921). Psicologia de grupo e a análise do eu. Cap. VII: Identificação. *ESB*. Rio de Janeiro: Imago, 1976, v. XVIII.

FREUD, Sigmund (1920). Além do princípio do prazer. *ESB*. Rio de Janeiro: Imago, 1976, v. XVIII.

FREUD, Sigmund (1925). A negativa. *ESB*. Rio de Janeiro: Imago, 1976, v. XIX.

FREUD, Sigmund (1930[1929]). O mal-estar na civilização. *ESB*. Rio de Janeiro: Imago, 1976, v. XXI.

FREUD, Sigmund (1933[1932]). Novas conferências introdutórias sobre psicanálise. Conferência XXXII: Ansiedade e vida instintual, p. 85-112. *ESB*. Rio de Janeiro: Imago, 1976, v. XXII.

LACAN, Jacques. *Função e campo da fala e da linguagem,* p.253. *Escritos*. Rio de Janeiro: Jorge Zahar. 1998.

LACAN, Jacques. *O seminário, livro 3: as psicoses* (1955-1956). Rio de Janeiro: Jorge Zahar, 1985.

LACAN, Jacques. *O seminário, livro 4: a relação de objeto* (1956-1957). Rio de Janeiro: Jorge Zahar, 1995.

LACAN, Jacques. *O seminário, livro 5: as formações do inconsciente* (1957-1958). Rio de Janeiro: Jorge Zahar, 1999.

LACAN, Jacques. *O seminário, livro 6: o desejo e sua interpretação.* Inédito.

LACAN, Jacques. *O seminário, livro 7: a ética da psicanálise* (1959-1960). Rio de Janeiro: Jorge Zahar, 1988.

LACAN, Jacques. *O seminário, livro 8: a transferência* (1960-1961). Rio de Janeiro: Jorge Zahar, 1992a.

LACAN, Jacques. *Seminário, livro 9: a identificação.* Inédito.

LACAN, Jacques. *O seminário, livro 10: a angústia* (1962-1963). Rio de Janeiro: Jorge Zahar, 2005.

LACAN, Jacques. *O seminário, livro 11: os quatro conceitos fundamentais da psicanálise.* Rio de Janeiro: Jorge Zahar, 1985.

LACAN, Jacques. *A terceira.* Versão de Élide Valarini; Revisão de Alduísio Moreira de Souza.Publicação do Departamento de Publicações Internas da Escola Freudiana de São Paulo, 1981.

LACAN, Jacques. Variantes do tratamento-padrão, p.325-364. In: *Escritos.* Rio de Janeiro : Jorge Zahar, 1988.

LACAN, Jacques (1969-1970). *O seminário, livro 17 : o avesso da psicanálise.* Rio de Janeiro : Jorge Zahar, 1992.

LACAN, Jacques. *Seminário, livro 21: Les non-dupes errent.* Inédito.

LACAN, Jacques (1978). *O seminário, livro 24: momento de concluir.* Inédito.

LACAN, Jacques. *Scilicet 1,* "quarta capa". Paris: Le Seuil, 1968.

LAMPEDUSA, Giuseppe Tomasi di. *Il Gattopardo. O Leopardo.* Rio de Janeiro: Record, 1963.

MILLER, Jacques-Alain. *Comentario del seminario inexistente.* Buenos Aires (Argentina): Manantial, 1992.

MILLER, Jacques-Alain. *Perspectiva do seminário 23 de Lacan: o sinthoma.* Rio de Janeiro: Jorge Zahar, 2009.

NAGEL, Ernest e NEWMAN, James R. *A prova de Gödel.* São Paulo: Perspectiva, 2003.

PORGE, Érick. Topologia da extimidade. In *Transmitir a clínica psicanalítica* – Freud, Lacan, hoje. Campinas: Unicamp, 2009.

RIMBAUD, Arthur. "A uma razão", citado por CARREIRA, Luciana Brandão, in Ruptura e invenção: o que Rimbaud tem a nos ensinar sobre o Ato. *Revista Opinias*, n. 04, set. 2014. pt.slideshare.net/SOBRAMES/revista-opinias-n-04-setmbro-2014-38657503. Acesso em: 28/06/2015.

RODRIGUES, Gilda Vaz. Homossexualidade – um ensaio sobre o tema. In: *Destinos da Sexualidade.* GONTIJO, Thaís; RODRIGUES, Gilda Vaz; FURTADO Ângela A. P.; SALIBA Ana Maria; Bahia, Maria Auxiliadora. P. M. (Orgs), São Paul: Casa do Psicólogo, 2004, p. 279.

RODRIGUES, Gilda Vaz. Psicanálise Criação e Teoria. In *Percursos na transmissão da psicanálise.* Belo Horizonte: Ophicina de Arte e Prosa, 2007.

RODRIGUES, Gilda Vaz. *A psicanálise pelo avesso* – uma leitura do seminario O avesso da psicanálise de Jacques Lacan. Belo Horizonte: Ophicina de Arte e Prosa, 2010.

RODRIGUES, Gilda Vaz. *Cortes e Suturas na operação psicanalítica.* Belo Horizonte: Ophicina de Arte e Prosa, 2013.

RODRIGUES, Gilda Vaz. Um olhar em direção à morte. In: *Oncologia* – clínica do limite *terapêutico?* Org. Marisa Decat de Moura. Psicanalise & Medicina. Belo Horizonte. Artesã, 2013.

ROUDINESCO, Elisabeth. *História da Psicanálise na França.* Completar dados Cidade: editora, data, vol. 2.

SOLER, Colette. *El sintoma y el analista* (curso 2004-2005). Trad. Montesserat Pêra y Xabier Oñtavia. Formations Cliniques Du Champ Lacanien – College Clinique de Paris.

SOLER, Colette. *Lacan, o inconsciente reinventado.* Tradução : Procópio Abreu.Rio de Janeiro. Editor : José Nazar. Cia. de Freud. 2012.

VEGH, Isidoro. *As intervenções do analista.* Trad. Paloma Vidal. Rio de Janeiro: Companhia de Freud, 2001.

Este livro foi composto com tipografia Minion
e impresso em papel Offset 90g. na Gráfica O Lutador.